# 新时期高校学生工作及其管理创新

池厚新◎著

吉林文史出版社

图书在版编目（CIP）数据

新时期高校学生工作及其管理创新 / 池厚新著．--
长春：吉林文史出版社，2023.3
ISBN 978-7-5472-9289-1

Ⅰ．①新… Ⅱ．①池… Ⅲ．①高等学校－学生工作－
研究②高校管理－研究 Ⅳ．① G645.5 ② G647

中国国家版本馆 CIP 数据核字（2023）第 046470 号

XINSHIQI GAOXIAO XUESHENG GONGZUO JIQI GUANLI CHUANGXIN

书　　名 新时期高校学生工作及其管理创新
作　　者 池厚新
责任编辑 陈　昊
出版发行 吉林文史出版社有限责任公司
地　　址 长春市福祉大路 5788 号
网　　址 www.jlws.com.cn
印　　刷 北京四海锦诚印刷技术有限公司
开　　本 185mm×260mm　16 开
印　　张 9.75
字　　数 216 千字
版　　次 2023 年 3 月第 1 版　2023 年 3 月第 1 次印刷
定　　价 52.00 元
书　　号 978-7-5472-9289-1

# 前　言

在世界舞台上，各国间的竞争日趋激烈，综合国力的较量日益加剧。这一切，归根结底是人才的较量，是人才素质的较量。21 世纪的中国能否再创辉煌，关键在于能否培养出与之相适应的合格人才。承前启后、继往开来的新一代大学生，肩负着祖国的重托和民族的希望。而把大学生培养成为社会主义现代化建设的栋梁之材，则是高等院校所面临的重要任务。目前，我国高等学校正在实施面向 21 世纪的教学改革，其目的是培养出 21 世纪所需要的基础扎实、素质全面、具有较强适应性和创造力的人才。

随着高等教育改革的不断深入，学生工作作为高等教育之重要环节也面临着许多新的情况。如今社会信息化、网络化的加速，高校的不断扩招，使高校教育出现大众化发展的趋势，学生之间也出现了明显的层次化，使高校服务的对象也呈现出了新时代的新特点。新时代的新特点要求高校学生工作要不断创新，树立与时俱进的发展观念，不断在实践中树立新的工作理念和建立一套科学的工作模式。

为了适应新形势的要求，作者在参阅大量相关著作文献的基础上，精心策划并撰写了本书。本书共有六章，第一章是新时期高校学生工作的定位，第二章是高校学生工作的基本理论，第三章是高校学生工作的科学发展，第四章是高校学生工作的管理体系，第五章是高校学生就业指导工作管理，第六章是新时期高校学生工作管理创新。全书结构清晰、内容丰富，具有一定的创新性，对于从事高校学生管理工作的人员具有很强的参考价值。

作者在撰写本书时，得到了很多专家学者的大力帮助与支持，同时也借鉴了一些相关专业人士的理论研究成果，在此一并表示感谢。由于作者的理论水平有限，书中难免存在不足之处，望广大读者给予指正，并提出宝贵意见。

池厚新

2022 年 6 月

# 目　录

# 第一章　新时期高校学生工作的定位

## 第一节　我国高校学生工作历史沿革与特点

### 一、教育管理的相关理论

#### （一）教育管理理论流派

现代教育管理理论流派大多产生于西方，这与西方国家政治、经济、社会及文化的发展背景相关。20世纪初，由于西方国家管理学、行政学等理论的发展，研究者把这些理论引进教育管理思想领域，用于教育管理问题的研究，教育管理逐步形成自己的雏形。在学习教育管理的理论流派时，会较多地介绍这些理论发展的影响及一些著名管理学者的思想和观点。

在管理研究领域，研究者们一般把各种理论大致分成三个理论流派：古典组织理论、人际关系理论、行为科学方法理论。古典组织理论围绕科学管理和行政管理思想对行政管理过程和管理功能进行研究。人际关系理论主要是对工作场所中人的社会和心理方面以及群体行为进行研究。行为科学方法理论试图调节古典组织理论和人际关系理论的不一致。三种管理理论流派的主要区别在于领导、组织、产量、过程、权力、管理、奖励和结构等关键性特征的差异上。总体而言，管理理论从对效能和基本管理原则的关注，发展到强调人和心理的因素，并最终发展为社会系统理论和权变理论。

#### 1. 古典组织理论流派

古典组织理论出现于20世纪初，它包含两种不同的管理思想：科学管理和科层制。

（1）科学管理。科学管理在于对工作进行科学的研究分析，其目的在于找到完成任务的最佳方法，并以此提高工作效率。工人的劳动生产率最大化是科学管理研究的主要动因。时至今日，科学管理的代表性人物泰勒、加尔布雷斯所开创的时间研究和动作研究仍是当前工作效率研究的重要方法。随着各国对教育的重视程度和支持力度逐渐加大，义务教育阶段学校的数量和规模不断扩大，政府和社会的教育投入也大大增加，促使政府和社会关注教育的质量和效益问题。学校管理开始接受科学管理的影响。

（2）科层制。科学管理专注于对个体工作效率的研究，而科层制则着重于如何构建整个组织的问题，研究整个组织的管理。亨利·法约尔、卢瑟·古利克是组织管理的杰出人物，他们对管理职能各自做了精彩的论述。亨利·法约尔（Henri Fayol）认为，所有的管理者要履行计划、组织、指挥、协调和控制职能，同时法约尔认为管理是一个连续的过程，在管理过程中强调 14 条管理原则，这些原则主要强调管理过程中的指挥链、权力分配、秩序、效率、公平和稳定性。卢瑟·古利克（Luther Gulick）进一步拓展了法约尔的五项基本管理职能，认为管理职能不仅包括计划、组织、人事、指挥、协调，还包括报告和预算。将科学管理思想引进学校管理，影响较大的学者是美国的弗拉克·斯波尔丁（F. E. Spalding），他提出了教学成本的概念，认为教学成本是学校管理中需要控制的关键因素。

德国社会学家马克斯·韦伯（Max Weber）对古典组织理论也有杰出贡献，提出了"科层制"概念，这一概念是建立在一套综合的理性原则之上。韦伯的理想科层制与法约尔的 14 条管理原则成为当代组织理论的基础。古典组织理论强调组织效能，关注设计有效的工作和组织，但是它们忽略了工作场所的心理和社会因素。韦伯的科层理论引起了当时教育管理研究者的兴趣，在 20 世纪 40 到 70 年代，各种教育管理教科书开始专门讨论韦伯的思想及其在教育管理中的运用。尽管韦伯的科层理论在学校中的运用受到了许多质疑和批评，但它的组织体系模式对于学校还是有效的。①

### 2. 人际关系理论流派

人际关系理论一般被认为源于埃尔顿·梅奥，梅奥及其助手的"霍桑研究"管理理论产生了重大的影响，"霍桑研究"发现工厂中有一种"社会人"因素在起作用，劳动生产率的提高是由于士气、归属感等这些"人"的社会性因素以及运用了激励、引导、参与决策和有效的沟通等人际交往技巧的有效管理，而不完全是雇主的要求和物理要素导致，非正式组织为其成员规定了他们自己的适当行为标准。除梅奥外，库尔特·勒温、卡尔·罗杰斯、莫雷诺、威廉·怀特、乔治·霍曼斯、斯科特等人对人际关系理论都做出了杰出的贡献。勒温的"场理论"和团体动力学研究以及他关于"专制型"和"民主型"团体领导的研究对后续人际关系研究和应用都产生了重大影响。当前，使用团体动力学来改变个体和组织的方法及组织发展的行为研究法都源于勒温的开创性工作。而罗杰斯的人本主义心理思想也对管理中的人际关系理论产生了重大影响，罗杰斯的患者中心疗法在团体组织行为发展方面得到了共识。莫雷诺创立了社会关系计量学，又称为团体成员关系分析法，发展成社会网络分析法，其对群体中的人际关系测量具有重要的方法意义。莫雷诺发现人们与其周围的其他人会产生有选择性的亲密性关系，相互之间有融洽关系的人构成的小团体

---

① 国家教育委员会高校学生司．大学生管理规定［M］．北京：北京师范学院出版社，1990．

可能会比缺乏这种共同情感取向的群体工作得更出色。怀特采用实地研究方法，对餐饮业内小团体行为的性质和功能进行了研究，他考察了团体间冲突、团体的地位、工作流程。怀特发现小团体成员间有选择的共同偏好是与成员间年龄、性别和外在兴趣的相似性联系在一起的。怀特的研究意义在于，他与莫雷诺的社会关系计量学的研究一致；他的研究成果是建立在实际生活情境的观察基础之上，而不是在孤立的实验室条件下进行，研究具有良好的生态学意义。

古典组织理论与人际关系理论的显著差异在于"理性经济人"假设和"社会人"假设的不同。古典组织理论也承认组织与管理中的人际关系，但是它们认为人际关系的作用一样受到经济刺激和物理刺激的作用。人际关系理论承认管理中的经济刺激和物理刺激，但是它们认为雇员受社会和心理需要驱动，与工作环境的物理条件相比，包括认可、归属感和安全感，个体的需要对决定工人的士气和劳动生产率更为重要；在工作环境中，个体的感知觉、信仰、动机、认知、对挫折的反应、价值观及其他类似因素都会影响到个体行为；工作场所中的非正式社会团体会建立并强化它们独有的行为准则和规范；雇员在支持性的管理之下，会有更高的士气，工作更努力。人际关系论者认为高昂的士气会带来更高的劳动生产率；一个组织中，沟通、权力、影响、权威、动机和控制等都是非常重要的关系。

人际管理理论从一开始就受到教育管理领域研究者和实践者的拥戴，这主要受到杜威的影响。杜威在《民主主义与教育》一书中对于科学管理技术在学校管理中越来越流行的情况表示不满。在杜威看来，学校应当是一个微型的民主社会，师生员工应该生活在一种民主的社会氛围中。

### 3. 行为科学理论流派

20世纪40至70年代是教育管理思想发展的一个极为重要的时期，一般教育管理著作都称之为"行为管理时期"或"社会科学时期"。相对于古典组织理论和人际关系理论流派，行为科学理论强调组织管理中的权变性和系统性，注重协调人际关系理论和古典理论之间的矛盾，强调管理理论在实践中的辩证应用。行为科学理论研究者引发了人们对个体及个体与组织联系方式的新兴趣点。目前，行为科学理论仍处于发展之中，大体上，行为科学理论可以从个体和组织关系、管理中的领导两个维度进行考察。

行为管理科学理论流派对个体和组织的关系进行了精彩的论述，切斯特·巴纳德提出了著名的"协作系统"观点，试图把人际关系和古典组织理论的众多原则融合到一个框架之下。他认为只有将组织的目标和个体为组织工作的目标维持在平衡状态，一个组织才能得以运作和存活，这就要求管理者必须既具有处理人际关系的技能又掌握技术上的技能。

怀特·巴克认为组织是一种"融合过程"，个体试图利用组织来进一步接近自己的目标，而组织也会利用个体来接近它的目标，个体自我实现的过程与组织社会化的过程间的融合是通过组织的契约来完成的。

　　克里斯·阿吉里斯也持有这种观点，但是阿吉里斯的观点中有着更多的精神分析心理学色彩，他认为个体与组织之间有一种内在矛盾，这种矛盾源于个体不断成熟的个性成长与组织纪律的抑制性之间的不兼容。

　　阿吉里斯认为人都要从一种心理上不成熟的依赖状态改进到成熟独立，但许多现代组织使它们的雇员固定于一种依赖状态，阻碍它们全部潜力的实现。阿吉里斯认为，个体个性发展与组织间的这种不调和的结果就是导致人的冲突、挫折和失败感，人们通过爬上组织的更高层级、学会使用防御机制来缩小冲突。

　　马斯洛（Maslow）的需要层次理论对行为科学流派更是产生了重大影响。按照需要层次理论，管理者所要做的工作就是满足雇员的需要，同时也实现组织目标。在马斯洛的基础上，道格拉斯·麦格雷戈（Douglas McGregor）提出了有关人和管理策略的假设，即所谓 X 理论和 Y 理论。

　　赫茨伯格（F. Herzberg）将马斯洛的理论继续推进，提出了动机的两因素说，将那些产生意见和消极行为的因素称为保健因素，将那些可以使人得到满足和激励的因素称为激励因素，保健因素与生理需要、安全需要和社会需要紧密相连，激励因素与尊重和自我实现的需要紧密联系。这些研究为教育管理中的个体与组织的关系拓展了新的视域，注入了新的活力。在教育管理中的学校管理、班级管理中可以见到它们的重要影响。

　　行为科学理论流派对管理中的领导也进行了详细的研究，得出了一些有启迪意义的理论观点。

　　罗伯特·布莱克（Robert Blake）和简·穆顿（Jane Mouton）提出从对生产的关注和对人的关注来评估管理行为，构建了一个管理网格模型帮助管理者认清他们自己的领导风格。

　　弗雷德·菲德勒（Fred Fiedler）提出了不同情境下领导行为效能的权变理论，认为绝对情境与有效领导者之间的关系有三个变量：领导者与下属间的关系、任务结构和地位权力。

　　保罗·赫塞（Paul Hersey）和肯尼斯·布兰查德（Kenneth Blanchard）提出了情境领导理论：有且只有一种领导风格适合于其下属的成熟度时，这种领导风格才是有效的。情境领导理论主要建立在下属的成熟度、领导者的任务性行为和领导者的人际关系行为之间关系的基础上。赫塞和布兰查德认为两种成熟度最为重要：工作成熟和心理成熟，工作成熟表明一个人完成某项工作的成熟度，心理成熟反映一个人的成就需要和承担责任的意愿动机水平。

　　在行为科学理论流派中，维克多·弗鲁姆（Victor H. Vroom）、彼得·圣吉（Peter Senge）、鲍曼（Bolman）、迪尔（Deal）、戴明（Deming）等人都做出了杰出的贡献。弗鲁姆提出了期望概率模式理论，他认为一个人从事某项活动的动力的大小取决于"该项活动所产生成果吸引力的大小"和"该项成果实现概率的大小"两个因素。彼得·圣吉的《第五项修炼》也广为研究者们所熟悉，他为教育者提供了如何把学校等教育组织转变为自我更新的"学习型组织"的富有洞察力的观点。鲍曼和迪尔提出了重组能力观点，强调从多个角度构建同一情境的能力，应成为 21 世纪的领导者们的核心能力。戴明的全面质量管理原则使得商业组织、大学以及中小学获得了新的活力。[①]

行为科学学派的观点角度各异，但是异彩纷呈，它们在关注组织效能、组织建设的同时，注重人际关系，强调情景、系统和协变，在一定程度上就是古典组织理论和人际关系理论的折中与调和，具体见表 1-1。

表 1-1 三种管理理论流派一览表

| 理论流派 | 主要贡献者和基本概念 |
| --- | --- |
| 古典组织理论 | 泰勒：时间研究、动作研究、功能性管理者、计件工资；法约尔：五项基本功能，十四条管理原则；古利克：七项基本功能；韦伯：理想科层制 |
| 人际关系理论 | 梅奥、罗特利斯伯格和迪克森：霍桑研究；勒温：团体动力学；勒温、利皮特和怀特：领导研究；罗杰斯：患者中心疗法；莫雷诺：社会关系计量学；怀特：餐饮业中的人际关系；霍曼斯：小团体 |
| 行为科学理论 | 巴纳德：写作系统；巴克：融合过程；阿吉里斯：理想的实现——组织与个人；盖茨尔斯和古柏：社会系统理论——规范性和个性；马斯洛：需要层次理论；赫茨伯格：保健-激励因素；麦格雷戈：X 理论和 Y 理论；菲德勒：权变理论；弗鲁姆：期望理论；布莱克和穆顿：领导网格；贝斯：事务性领导和变革性领导；圣吉：学习型组织；鲍曼和迪尔：重构组织；戴明：全面质量管理 |

## （二）教育管理学科体系

### 1. 教育管理学的学科归属和内部体系构成

教育管理学的学科体系涉及两个基本问题，第一个问题是教育管理学的学科归属问题。学科归属问题直接影响对学科的本体性认识，进而影响到学科研究对象和所采用的具体方法，以及影响到研究成果的去向和应用问题；第二个问题是教育管理学内部构成问题，主要涉及教育管理学的研究内容和研究对象，是学科领域内部问题。

在教育管理学的学科归属上，教育管理学无疑具有交叉性和综合性，但是对于教育管理学到底是归属于教育学还是管理学，学者们有不同观点。有学者认为教育管理学根本属性上是一门管理学科，因为教育组织系统具有其他组织系统的基本特点，也具有与其他管理活动相同或相似的计划、组织、人事、领导和控制等管理过程，教育管理学也要研究与其他管理学相似的技术和方法问题，如评估技术、控制技术等。也有学者认为教育管理包括各级各类教育行政机关和各级各类学校的管理工作。教育管理学是教育科学的一门分支

---

① 胡建华. 大学生管理信息系统 [M]. 北京：中国财政经济出版社，2001.

学科，它是研究管理工作的科学理论和行政规律的科学。教育管理学归属于管理学学科，具有其合理性，主要体现在教育管理学研究的是教育管理问题，而没有研究教育管理的对象——教育实践。教育实践问题属于教育学的研究对象，而非教育管理学的对象。

教育管理学学科体系的内部构成有两种分类方法：一是对宏观与微观的教育管理现象与规律分别进行研究，形成教育行政学和学校管理学；二是把教育管理研究分成基本原理研究、应用性基础综合研究、具体应用研究。

### 2. 教育管理的对象和教育管理学的研究对象

区分教育管理的对象和教育管理学的研究对象具有重要的学理意义和实践指导价值。教育管理和教育管理学研究都发生在教育实践中，但是教育管理学的研究对象不是教育实践活动，其直接对象是教育实践中的管理活动，教育管理学通过"管理"这个中介和手段作用于教育实践。因此，教育管理的对象是各种各样复杂的教育实践和教育活动，教育管理活动是面向教育实践和教育活动而进行的管理活动，教育管理学是对这种管理活动中存在的现象及其运行过程进行理论讨论、方法总结、规律揭示的科学，它的目的指向是高质量、高效率地实现教育目标、完成教育任务。

## 二、我国高校学生工作的历史——2012年至今

2012年至今，党和政府相继出台了许多相关文件与政策以促进高校思政工作的创新，其中包括高校学生工作的创新。2014年3月，教育部印发了《高等学校辅导员职业能力标准（暂行）》，该《标准》明确规定了辅导员的职业名称、职业定义、职业等级、职业能力特征、文化程度、职业守则、基础知识等多方面内容。2017年2月，中共中央、国务院印发《关于加强和改进新形势下高校思想政治工作的意见》，该《意见》从重要意义和总体要求、强化思想理论教育和价值引领、发挥哲学社会科学育人功能、加强对课堂教学和各类思想文化阵地的建设管理、加强教师队伍和专门力量建设、推进高校思想政治工作改革创新和加强和改善党对高校的领导等七个方面全面阐述了新形势下加强与改进高校思政工作的若干重大问题。

从上述中共中央、教育部和其他部委颁布的文件的数量和涉及内容中不难看出，进入21世纪，我国对高校思政工作重要性的认识不断强化，作为高校思政工作重要阵地与渠道的高校学生工作也不断得到强化。从涉猎内容而言，涉及思政工作、辅导员队伍建设、德育体系建设、学生管理、就业服务、志愿服务及社会实践等多方面；从颁布主体看，包括国务院办公厅、教育部、宣传部、中央文明办、团中央等多部委。

纵观我国高校学生工作历史沿革不难发现，我国高校学生工作经历了一个较为漫长的发展演化。我国高校学生工作发端于革命战争年代对军队干部培训时实行的思想政治工作，在中华人民共和国成立后以此为雏形和蓝本建立正规高等教育体系中的学生工作体制机制，由此奠定了我国高校学生工作的学科基础与实践基础，并在实践中形成了我国高校

学生工作的诸多传统。改革开放以来，特别是 21 世纪以来，由于国内外形势的变化和大学生工作个体特征与需求的不断变化，我国高等教育自身的变革与创新以及学生工作被不断赋予新的内涵，我国高校学生工作在原有单纯的思想政治工作的基础上，功能不断拓展，职责不断延伸，从原有思想政治教育功能拓展到了学生日常事务管理，又延伸到大学生成长发展服务。学生工作者的日常工作几乎涉及学生工作、学习、生活的方方面面。同时，就学科支撑而言，我国高校学生工作的学科支撑也在历史沿革中不断丰富。我国高校学生工作的学科支撑源自于思想政治教育学，而随着高校学生工作的不断发展，管理学、教育学、心理学和社会学等学科知识纷纷融入学生工作的实践中，为高校学生工作科学化、专业化提供了有力的学科支撑。

### 三、我国高校学生工作的特点

#### （一）目标取向上的政治性

培养什么样的人的问题始终是我国高等教育需要回答的根本问题。我国教育制度的根本目标是培养社会主义事业合格的建设者和接班人，这个根本目标决定了我国各级教育系统、各种教育体系人才培养的根本方向。作为高等教育系统重要组成部分的高校学生工作体系的根本目标也在于此，这就决定了高校学生工作的出发点与立足点。[①]

从历史沿革来看，若追溯到革命战争年代，无论是土地革命时期的红军大学、苏维埃大学和马克思共产主义大学，还是抗日战争时期的抗日军政大学、陕北公学、延安大学以及解放战争时期恢复和新建的华北大学、山东大学和白求恩医科学校等，政治性始终是人才培养工作的根本属性。中华人民共和国成立以来，无论是在经济社会发展的哪个阶段，这个根本目标始终没有偏离，也将继续坚持下去。同时，就现实境遇而言，目前，我国经济社会正经历着前所未有的深刻变革，在这样的历史变革中，各种社会问题积聚，国外敌对势力虎视眈眈，社会上充斥着各种不同的价值观，弥漫着各种不同的思想倾向，这些都无时无刻地不在冲击着大学校园，干扰着正在成长中的当代大学生。而我国的高校学生工作作为大学生思想政治教育的重要渠道与阵地，应始终坚守政治底线，使其不变味、不变色。因此，无论是基于历史沿革，还是从现实境遇出发，在目标取向上坚持正确的政治导向始终是我国高校学生工作的特点之一。

#### （二）价值取向的育人性

育人是高校学生工作的基本价值取向，其实质是通过高校学生工作的过程达到培养人、塑造人的目标。这一取向在我国高校学生工作的发展历程中始终一以贯之。育人是高等教育的基本功能之一，这本身无可厚非，但事实上，在国外的高校学生工作（在西方国家通常称之为学生事务管理）的发展史中，却存在着不同声音，如契约论即将学生与学校的关

---

① 张微.高校学生工作的社会工作参与：一个基于多所高校的经验研究 [M].北京：中央编译出版社，2019.

系视为市场经济制度下人与人之间的契约关系，两者是关系对等的双方，契约就是连接两者的纽带；又如，将学生视为消费者的消费者至上论，认为高校学生工作的价值取向是向被视为消费者的学生提供各种消费服务等。

然而，从我国高校学生工作的历史沿革看，我国高校学生工作在价值取向上，始终把育人放在首位。从改革开放以前把思想政治教育作为高校学生工作的唯一职责，到改革开放后加入学生日常事务管理的管理职责以及 21 世纪以来赋予高校学生工作提供各种成长发展指导的服务职能，虽然高校学生工作的内涵不断丰富、职能不断扩大，但无论是对学生开展教育、实施管理还是提供服务的过程，在价值取向上都落脚于育人，将价值观教育、道德教育、法制教育和心理健康教育等育人内容融入这三个过程之中。在学生工作中，除了大学生的思想政治教育工作对学生而言能让其感知到带有明显的育人功能，学生的管理与服务也是对其进行教育的重要手段之一。提倡在管理中育人、在服务中育人，可以说，高校学生工作的管理与服务职能在高校学生工作中像两只无形的手，发挥着育人的潜功能。也就是说，应将高校学生工作育人这一价值取向蕴含于对学生的管理与服务过程中。

### （三）实施过程的任务性

我国高校学生工作的实施过程具有明显的任务取向，是自上而下的，即各个学生工作主体通过逐层传导，将具体的工作以任务的形式传递到基层，最终面向学生开展各项工作。这种任务自上而下的逐级传导，既保证了各级高校能够及时领会、分解和落实党和国家针对大学生思想政治教育的各种路线、方针和政策，同时使得党和政府的各项优惠措施和资助政策能够及时且准确地惠及大学生。

目前，在高校中，无论是大学生思想政治教育，还是日常事务管理以及各种成长发展服务，绝大多数都是以一种任务式的形式实施，且对于大学生而言，校方针对其开展的思想政治教育和日常管理，甚至是成长发展服务，都隐含着一种自上而下的强制力，比如统一上就业指导课、统一开展某一主题的团组织生活等。

### （四）工作对象的全体性

所谓全体性，即我国高校学生工作的工作面向全体大学生，涵盖中国籍全日制在校的每一个大学生。也就是说，所有中国籍大学生，无论其性别、民族、生源地、家庭背景及身体状况等方面的差异如何，其在接受高等教育的过程中，均成为高校学生工作系统开展思想政治教育、日常管理与服务的对象。

全体性源自我国军队思想政治工作的传统，这种传统在中华人民共和国成立后一直沿用到了高等学校的学生思政工作和管理工作中。从其目标取向而言，这种全体性旨在将每一位大学生培养成为社会主义事业的合格建设者和接班人。从价值取向而言，体现了育人工作，特别是思政工作的全覆盖。这一渊源在现今高校学生工作中就表现为工作对象的全体性。

比如，从新生军训、开学典礼或开学第一课，所有新生必须参加，到学期间必须全体住校，统一管理，再到毕业时，政审、体检、派遣等均涵盖所有学生，这些都体现了我国高校学生工作在工作对象范围上覆盖了所有大学生。

从教育功能的实现而言，我国高校学生工作的全体性首先保证了我国高等教育的办学宗旨与目标能够贯彻并内化于每一个接受高等教育的个体；从管理职责的实现而言，全体性保证了我国高校学生工作体系的管理对象全覆盖的合法化，保证了高等教育的规则与纪律对全体大学生具有规范与约束作用，既便于统一管理，又有利于保证全体学生在校期间的人身安全；从服务功能的实现而言，全体性保证了高校学生工作系统可以将国家针对大学生的优惠政策以及高校为学生提供的各种服务性措施传递并惠及所有大学生，保证每一个大学生都能分享到我国经济社会发展给高等教育系统带来的红利。

### （五）工作方式的经验性

所谓经验性，即与西方国家的高校学生事务管理或高校社会工作相比，我国高校学生工作的工作方式并非基于某种理论模型或理性的专业程序，而植根于工作人员在实践中的经验总结。同时，在学习方式上，也并非通过系统的专业教育与培训，而是通过个体之间传帮带的形式实现。

这种经验性的表征体现了我国高校学生工作实践渊源来自革命战争年代的革命实践。大批的军队政工干部在战争实践中总结摸索出了大量关于部队思政工作的工作方法与形式。这些方法与形式一旦在实践中有很好的效果，就会作为一种经验，在更大范围内予以推广。比如榜样示范法、批评与自我批评法、文艺作品激励法等。同时，在学习方式上，经验丰富的工作者对新手进行传帮带，也是我国思政工作传统的一种具体体现。因此，在中华人民共和国成立后，这样经验性的工作方法与形式就在高等院校的学生工作，特别是思政工作中予以继承与推广，并一直延续至今。我国高校学生工作的经验性不但是一种历史传统的传承，更是一种适应学生工作目标趋向政治性的需要。经验性的工作特点体现在高校学生工作的方方面面。比如，与学生谈心的作用主要取决于学生工作者个人的工作年限、个人素质等；组织活动的效果主要取决于学生工作者的工作投入程度或是否善于思考与创新；学生事务管理的水平则取决于学生工作者的工作态度与责任心等；而更高层次的成长发展指导则更是取决于学生工作者的个人生活工作阅历或是人格魅力等。

### （六）问题归因上的偏差性

对学生产生行为偏差、违纪违规等问题的归因是如何去解决与应对的基础和前提。在我国高校学生工作的构架中，归因取向上的问题性是其一直沿用的归因方式。即将出现行为偏差、违纪违规的学生视为一个有问题的人，需要对有问题的人在思想道德上予以教育，在心理行为上予以纠正。在这种归因取向中，工作主体与工作对象的关系自然呈现出一种上下级的教育关系，两者之间的对话过程自然而然地就成为一种主体对客体单向的灌输过程。

事实上，就本质而言，问题性是对大学生心理、思想与行为偏差归因的一种建构方式。而从历史沿革而言，归因取向问题源自我国高校思想政治教育工作的军队印记和政治传统，源自政治指导员对阶级立场及纪律意识等出现思想问题的战士进行的教育与纠正。显然，这样的归因取向在战争年代的部队中无可厚非，因为部队的战斗力需要思想上高度统一的战士和指挥员做保障。而在中华人民共和国成立以来到改革开放前的一段时间内，由于高校学生工作的高政治化倾向，这种问题归因取向也一直被沿用。改革开放后，由于路径依赖的影响，这样的归因取向一直沿用于高校学生工作中。

# 第二节　新时期高校学生工作的时代内涵

新经济的浪潮正席卷全球，互联网不仅改变着传统的经济、文化，还从教育方式、教育体制、教育理念等方面对我国传统高等教育提出了挑战。如何适应时代要求，为社会培养出高素质、高水平人才，这就要求高校学生管理工作应当以人为出发点和归宿点，体现尊重人、依靠人、发展人和为了人的指导思想，着眼于"以人为本"。要通过对学生的教育管理，使学生逐步学会学习、学会关心、学会创造和学会生存，使他们能愉快地学习、健康地成长，自觉抵制各种不良倾向，以形成健全的人格。近年来，随着高校招生人数的扩大和资金投入的增加，如何建立更具现代教育理念的管理方式就成了教育界关心的话题，也是时代赋予我们的任务。

学生管理的首要内容是行政管理，是高校学生管理人员，通过组织、计划、协调、控制等行政方法，对大学生的招生、培养、学籍、奖惩、贷款、毕业分配等工作进行的规范化、制度化的管理活动。大学生的学习和科研管理，是高级人才培养中的一个关键环节，是高校各项有关学生管理工作的核心。高校的其他学生管理工作，都必须围绕这一核心进行。所谓学习和科研管理，就是在学校和学生双重因素作用下，创造一种有利于人才成长的宽松和谐同时又具有竞争气氛的环境，使教育方针和学校的培养目标通过每个学生的自觉行动表现出来。

大学生管理还应包括学生自我管理。因为学生直接受管理时，是管理的客体，而在参与管理的过程中，又是管理的主体。学生工作者要在满足教育目标和培养目标的基础上，使用正确的管理手段，帮助学生进行思想心理的自我控制和自我调节。首先是建立合理的学生管理体制，设置高效精干的学生管理机构；其次是建设一支高素质的学生工作队伍；最后是管理思想、管理方法和管理手段的现代化。

学生工作是高校学习与工作中必不可少的重要组成部分。随着当前社会的不断发展进步，高校学生工作需要不断创新其含义及价值。以往传统意义上的高校学生工作的具体内涵与价值的理解比较狭义，仅仅指的是高校管理者对在校学生实施行政管理的工作，仅对学生个体的发展起到一定的促进作用。在新的时代背景下，对于高校学生工作的具体内涵应当具有更为广义的理解，应当更具整体性、广泛性，应当是指全体高校教师、行政工作人员与学生组织成员所开展的一切为学生提供管理与服务的工作。以往传统意义上的学生工作的价值仅仅是对学生个体的发展价值，而新时期背景下的学生工作对学生个体、高校建设、国家与社会的发展都应当具有更为重要的意义。通过对这几方面进行分析与研究可具体论述新时期高校学生工作的时代内涵。

"学生工作"在高校生活中是一个提及率很高的词汇，与高校管理者和学生的工作、学习与生活密切相关，是高校各方面工作得以顺利进行的重要保障，是高校师生生活必不可少的重要构成部分。在新的时代背景下，高校学生工作应当具有新的内涵。

所谓学生工作的内涵，就是要回答或探讨学生工作"是什么"或者说"什么是学生工作"的问题。"学生工作"通常指高校行政管理工作者对在校学生的管理工作。在新时代背景下，真正意义上的"学习工作"不仅指高校行政管理工作，还应当指高校行政管理工作者或学生组织成员对全体在校学生提供的一切管理与服务。

高校作为培育社会主义合格建设者和可靠接班人的重要阵地，肩负着时代使命，肩负着党和人民的重托。新时期背景下的学生工作是针对全体学生的工作，具有整体性、复杂性、广泛性、多面性的特点。

## 一、学生教育

学生教育要从大学生的思想、心理和行为特点的实际出发，有的放矢地实施自己的计划。由于大学生思想、心理和行为的复杂性和特殊性，决定了学生教育本身的特点。

学生教育要具有动态性。首先要随着实践工作的展开，尽可能多地掌握影响大学生思想形成的各种因素，同时对各种因素进行认真分析，找出规律；其次是由于影响大学生的新的客观因素不断出现和旧因素的返回现象，在工作方法上不应操之过急，应留有回旋余地，要能在不间断既定工作的同时，完成适应新情况的调整；最后是针对专科生、本科生和研究生的差异。根据不同层次不同个体，因人因时因地而异，选择相宜的工作方法。

学生教育还应具有针对性。就大学生整体而论，社会上的重大变革，国际风云的瞬间突变……都能成为大学生关注的热点。这时，学生教育千万不能让热点转化为难点和疑点。就大学生个体来说，在每个个体身上的反应也不相同，把握住教育和教育对象的个性，是学生教育的出发点。

学生教育必须具有稳定性。因为这是计划性很强的科学管理工作，缺乏教育的稳定性，表面上是破坏了计划的系统性，实质上是取消了学生教育。

学生教育的基本任务是：坚持正确方向，培养学生确立无产阶级的思想观点、政治立场和道德品质；完整实施社会主义教育方针，保证和促进学生德、智、体全面发展；推动学生精神文明建设，形成优良的学风、校风。

学生教育内容是由上述基本任务规定的，当前主要是：对学生进行马克思主义教育；爱国主义和国际主义教育；共产主义思想教育；四项基本原则教育；形势任务和时事政策教育；等等。

### （一）树立以学生为中心的教育观

作为一种高等教育理念，高校各项工作，应以学生为本，以学生健康成长和全面发展作为根本目的和出发点。学校的根本任务是育人，是培养高素质的现代公民。具体来说，坚持学生的中心地位可从以下三方面着手：

（1）实事求是地了解和掌握学生的思想发展状况和身心发展特点是有针对性地开展教育工作的基本前提。只有全面了解和掌握学生的情况，教育工作才能有的放矢。

（2）学生作为教育的对象是具有能动性和较强自我意识的个体，只有充分调动学生的积极性、参与性，发挥他们的主观能动性，才能保证教育的有效进行，才能及时检验教育的效果并对效果进行正确评估，才能掌握反馈信息并改进和创新教育方法。

（3）教育的目的是要培养一批批具有基本政治素养和高尚道德情操的社会主义建设者和接班人，只有高度认识这个意义，牢牢抓住学生这个根本，教育才能具有真正的意义和作用。只有强调教育活动中学生的主体地位，才能使教育活动更具人性化，更能适合大学生的身心发展，并进而提高大学生的综合素质。

### （二）加强学生的心理素质教育

社会发展的步伐越快，对人适应能力的要求越高；社会竞争越激烈，人的心理素质的作用越显重要，所以要把心理素质教育作为思想教育工作的关键任务。心理健康教育是有目的地培养学生良好的心理素质，提高学生的心理机能，开发学生的心理潜能，促进学生个性发展和整体素质提高的过程。人本主义学习论健康人格观对我们在教育上培养个性全面发展的人无疑具有很大的启示意义。人本主义学习论健康人格观的心理目标是让人生活得更有尊严、更自在、更幸福、更有价值，达到心灵生活的丰满、自我的完善。学校心理健康教育可采取多种途径，各种教育教学活动蕴含着丰富的心理教育因素，要充分挖掘和利用这些因素，通过组织生动活泼、健康向上的科技、体育、卫生、艺术等活动，培养学生良好的心理品质。另外，还可以开设专门的心理教育课程、专题心理讲座，开展学校心理咨询、心理测试等形式，使学生系统地学习有关心理知识，得到系统的训练，使学生有意识地用科学知识调节、控制行为，做到知、行统一。进一步构建以人育人、以人促人的机制，使学生学会学习、学会生存、学会做事、学会创造、学会做人，做一个思想品德好、知识技能高、身心健康、全面发展的人。

### （三）重视学生人文素养的教育

所谓"人文教育"就是旨在培养学生人文精神、提高学生人文素养的教育。人文精神泛指人对自然、人对社会、人对他人、人对自己的基本态度。

人本主义学习论主张大力加强人文科学教育，这也引起我国教育界的高度关注。人对社会的基本态度的实质是一种人生观和价值观，核心是如何认识和处理人生的社会价值与人生的个人价值之间的基本关系。正确的态度应当是坚持人生的社会价值和个人价值的辩证统一，注意社会群体的长远利益，强调个人的社会责任。人对他人的基本态度，属于道德观的范畴，关键是如何认识和处理竞争与合作的关系，提倡在公平竞争的基础上，促进合作。人对自己的基本态度的核心是如何认识自己和控制自己。教育的人文意义和价值是人文精神在教育中的体现，亦即教育使人成为人，教育对个人和人类的幸福生活所具有的作用与功能。它以人生目的、人生理想、人生意义为核心，延伸到知识、道德、审美各个方面，具有非功利性和超功利性。

在教育的培养目标上，教育的人文价值将培养健全或完整的人格放在首位。它关注教育所培养出来的人是否全面和谐地发展，是否具有独立人格。它强调人的自由、人的尊严和个性的彻底解放；要求教育所培养的人，不仅仅是一个劳动者，不仅仅是一个经济动物，还是一个有明确的生活目标、高尚的审美情趣，既能创造又懂得享受的人。在教育内容上，教育的人文价值将传递人类文化价值观念放在核心位置，强调学校不能仅仅教给学生实际有用的知识，不能仅仅提供就业准备，更为重要的是教给学生文化观念和伦理道德规范。人文精神与科学素养、创新能力的统一，是现代人的基本特征。应开展科学和人文整合的教育，获得理性的、情感的、精神的、审美的、体魄的多方面健全的发展，人最终成为既能认识自然、认识社会又能认识个体，能创造美好生活又能成为自我实现的人；使学生既会做事，又会做学问，更会做人，是教育追求的理念，反映出一种对人的人格、文化、创造力的完整性追求，以适应时代的需要。

### （四）注重学生创新能力的培养

人本主义学习论将培养学生的创造性作为教育的目标，相信人人都有创造力，人人都有创造的潜能，人生追求的最高目标就是自由创造，自由创造的实现就是人的价值的完美实现。人本主义学习论强调要给学生创设良好的问题情境，鼓励学生自发自主地积极探索问题的解决途径，从中发展学生的独立性、自主性和创造性。人本主义教育家认为教育要培养自我实现的人，而自我实现者的一个显著特征是富有创造性。因此，教育要培养自我实现的人，就必须进行创造教育，培养具有创造性的人。创造性并非只被少数特殊人才所拥有，而是每个人天生就具有的潜能。教育要承认和相信学生具有创造性，具有创造潜能，认识到实现自己的创造才能是人的最高层次的需要，是人所追求的最高目的，也是学生的最高层次的需要和最高目的。

时代赋予了高等学校无法回避的责任，高等教育最根本的任务就是培养创造型的人才，大学的其他任务与功能都应通过创造型人才能量的释放予以实现，这是大学的本质特点和基本功能的内在逻辑要求。在人类进入互联网时代的今天，高等学校作为人类知识保存、传递和创造的中心，必须反映时代特征，紧密跟踪现代科技发展的新成果，增加新内容，建设新学科。高校要从学生个体差异出发，实现管理理念、管理方法、评价标准及模式以及教师角色转换等方面的改革和创新。要根据创造教育的理论和方法，兼收现代心理学、教育学、哲学、思维科学、方法论科学等学科的最新成果，按照个别化、个体化的方式开展教育活动，开发大学生个体的创造能力。

## 二、学生服务

学生服务是高校学生管理工作的重要组成部分。学生服务的含义应是对大学生的课堂学习、课外活动、社会实践、饮食起居等方面进行合理的安排，是使大学生的身心得到健康发展、实现学校培养目标的保证。

为学生提供良好的服务，这对学生工作的意义是重要的，是对学生进行思想政治教育的保证，是提高教学质量的重要环节，是培养学生良好的道德行为习惯的有力手段。

学生服务的主要内容有：对学生的第二课堂活动、勤工助学和劳动锻炼、社会实践活动、文娱体育活动、伙食住宿等提供充分的物质保障。同时应认识到，提供充分的物质保障的过程，也是科学地进行后勤管理的过程。学生服务还包括为有需要的学生及时提供心理、职业等方面咨询的服务。

学生服务的内容广泛，涉及学校众多管理部门。因此，明确为学生服务所要达到的目标，就成为做好这项工作的前提和条件。这个目标是学生对服务工作的要求和服务工作所要达到的标准相统一，而这一目标，又应成为学校整体管理目标的一部分。当然，学校整体管理目标的一部分也应体现这一目标。要完成这一目标，同样有赖于完善的服务系统和一支热心于服务工作的高水平的队伍。[①]

# 第三节　新时期高校学生工作的着力点

## 一、大学生管理的理念

学生管理工作是一门科学，又是一门艺术。学生管理工作干部要深入学习和深刻领会党的教育方针，还要运用科学有效的方法，全面准确地把握学生的特点和思想轨迹。

---

① 钱贵江.当代大学生管理新论 [M].苏州: 苏州大学出版社，2006.

### （一）依据学生特点和思想轨迹开展管理

简要地讲，学生管理工作是以人才培养为中心的重要工作，它通过教育、管理和服务等环节，为全面推进素质教育提供强有力的精神动力和思想保证，为学生的健康成长和全面成才提供良好的氛围和优质的服务。这样的工作性质表明，学生管理工作干部既要认真学习领会党的路线、方针和政策，在实践中坚定不移地贯彻党的教育方针，又要主动为学生着想，提供全方位、多层次、高效率的服务。显而易见，二者都需要把握学生的特点和思想轨迹，否则就难以切实贯彻党的教育方针，也难以为学生提供切实的服务。

在德育工作中，我们要针对不同年级，确定不同的教育重点和在政治、思想道德、素质、课程等方面的不同要求。为什么确定这样的内容范围呢？为什么要这样确定重点和要求呢？这是培养社会主义事业的建设者和接班人的要求，是由不同年级学生不同的知识水平和接受能力所决定的。因此说，学生特点和思想轨迹是德育工作的重要依据。

在学生事务管理工作中，我们一般都制定了激励措施，鼓励学生奋发向上；制定了学生处分条例，合理约束和规范学生的行为；建立了经济困难学生助学体系，帮助学生解决经济困难问题。对学生为什么要激励呢？为什么要合理规范学生的行为呢？为什么要帮学生解决经济问题呢？这是因为激励对学生的奋发成才非常重要，学生易犯错误也最能彻底改正错误，况且学生中也确实存在经济困难问题。如果不以学生特点和思想轨迹为依据，学生管理工作怎么能开展好呢？

在为学生服务的工作中，无论是对新生尽快适应大学生活的指导和帮助，还是为毕业生提供就业方面的指导和服务，还是对在校生的勤工助学活动的指导和服务，同样都是依据不同群体的学生特点和思想轨迹而开展的。

### （二）了解和满足学生需要

我们已经知道，学生特点和思想轨迹是学生管理工作的重要依据。我们还要知道，学生特点和思想轨迹是动态的，被我们把握的学生特点和思想轨迹只是部分的。因此，我们要坚持不懈地、广泛深入地了解和把握学生特点和思想轨迹。其实，这个过程也是了解和满足学生需要的过程。

学生需要主要是指学生在成长和成才过程中对物质生活和精神生活的需求感和不满足感。学生需要的东西很多，学校不一定都能及时满足。这就决定了学生需要是一个永恒的主题。

学生需要的内容是有结构的。它可以区分为学习需要和生活需要：学习需要包括学习的专业内容、学习方式、学习方法、学习目标、学习环境、学习条件等。生活需要包括生活质量、生活环境、生活条件等；也可以区分为物质需要和精神需要：物质需要包括学习和生活的物质条件，精神需要包括学生在思想和文化等方面的追求。

学生需要的结构还有层次区分。一是学生需要可以区分为个人需要和群体需要；二是学生需要可以区分为意识到的需要和没有意识到的需要，意识到的需要又可分为表达出的需要和没有表达出的需要。我们把表达出的需要称作可以"言传"的需要，把没有表达出的需要称作只能"意会"的需要。

看得出，内容结构和层次结构交织在一起的学生需要的结构是复杂而多样的。如果我们只注意学生已经表达出的需要而忽视尚未表达出的需要，或者我们只注意学生已经意识到的需要而忽视尚未意识到的需要，那么我们对学生的了解还是不够的。

### （三）提高工作的针对性和实效性

党的各级部门和学校的有关单位一直非常重视学生管理工作，然而覆盖面不到位、针对性不强、实效性不够等问题依然存在。其中的一个重要原因就是我们对学生的特点和思想轨迹把握得不够准确。我们时刻要牢记，把握学生特点和思想轨迹的目的是提高工作的针对性和实效性。

然而学生所受的影响及其特点和思想轨迹的变化，却没有引起我们足够的重视和研究。这跟我们没有把提高工作的针对性和实效性作为我们的工作目标之一是有关系的。

显而易见，要提高学生管理工作的针对性和实效性，必须时时把握学生的特点和思想轨迹。学生的特点和思想轨迹在某种意义上是客观环境变化的产物。如果学生管理工作干部不注意学生成长和成才环境的变化，就无从全面准确地了解学生特点和思想轨迹，也就无法进行全方位覆盖，提高工作的针对性和实效性。

## 二、大学生管理的价值

### （一）价值主体

价值是以体系或者说系统的形式存在的，因为价值的基础是实践性的。因此，制度的价值体系是一个制度的内在精神和生命之魂，反映了制度的本质要求。而价值主体是价值体系中最核心的部分，离开了价值主体，价值体系无从谈起，因为价值体系就是价值主体在认识和改造世界的社会实践活动中形成的带有主观性的价值观念体系。它在根本上反映了主体的现实需要和切身利益，并表现主体的理想与追求，是价值主体对客观的价值关系的主观反映。[1]

在一定历史条件下，人们在长期的价值追求中，不断地进行着主观的认识与思考。因此，我们必须首先确定本研究的价值主体。根据高等教育活动的参与主体，可以将高等学校学生管理政策的主体分为政府、社会以及高校自身。实行高等学校学生管理政策的实质是协调权力和利益的关系，平衡各权力和利益主体，让各主体都得以彰显。

### （二）价值诉求

从理论上来看，高校分类问题是一个价值中立问题，但在实践中却是一个各类主体价值取

---

① 沈阳市大专院校学生管理教育研究会.大学生管理教育研究 [M].沈阳：辽宁大学出版社，1991.

向相互博弈的过程。各类主体之间甚至同一主体内部之间，分类的价值取向存在很大的差异。高等学校各个管理政策主体既有一般的社会经济发展所期待的价值追求，又有其特殊的价值选择。各个管理政策主体所追求的一般价值诉求就是通过学生管理政策来实现高等学校质量的提高和高等教育的健康发展，充分发挥高等教育在社会政治经济中的作用，让大学的目标和理想都能得到实现，使高等教育的职能得以充分体现；但另一方面，除了一般的价值外，各个政策管理主体都致力追求个体理性最大化，本着各自的立场考虑各自的利益而存在特殊的价值选择。政府通过实现学生管理政策使得高等学校在各自的层次和领域发展。因此，高等学校学生管理更加注重突出重点，并与政府资源配置相联系，充分实现高等学校在社会经济发展中的作用；高校分类是确立目标的一种规划，它既可以是高校的一种自我体认，也可以是一种目标追求。

高等学校本身除了人才培养、科学研究和服务社会功能之外，还负有弘扬现代大学精神、实践现代大学理想、维护现代大学使命、捍卫现代大学尊严之责。这就是高等学校这一主体在学生管理中的特殊价值，即核心价值取向，这是高等学校主体的本质价值。长期以来，由于高校行政化导致高校盲从，没有特色，千校一面，没有自己的准确定位，使得高等学校的学生管理主体地位边缘化。当前，高校学生管理中各主体呈现出政府行政主导、社会有限参与的基本格局。实际上，即使处于主导地位的政府，也没有履行好学生管理的职责。

### 三、大学生管理的原则

高校学生管理工作的基本原则，是高校学生管理工作者的工作指南，正确掌握并灵活应用这些基本原则对开展高校学生管理工作意义重大。从这点出发，为了使高校学生管理工作具有规范性、科学性、系统性，必须有一整套行之有效的基本原则。

#### （一）灌输与疏导相结合的原则

#### 1.灌输必须处理好主体地位与主导作用的关系

对学校来说学生占了大多数，学校教育的主体当然是学生。有的认为：随着学生年龄阅历的增长、主体意识的增强，对学生的教育不应采用灌输，而应充分尊重学生的自我意识。这种认识是片面的，是忽视了教师在教育过程中的主导作用。在这种认识支配下，有人甚至为"主体化倾向"叫好。实际上，过分强调学生主体意识，放弃教师应有的职责，乐于"从主变客"，这是对教育过程的颠倒。

应该说，高校学生主体意识的增强，向我们的学生管理工作者提出了更高的要求。实际上，整个教育过程，教什么、怎样教的主动权始终掌握在教师手中，教师在教育过程中的主导作用是显而易见的。灌输的过程也是一种塑造的过程，反对灌输实质是提倡自发讨论，我们不能为落后、腐朽的思想出让阵地。高校学生管理工作者，一定要牢牢掌握教育的主动权，充分发挥在教育过程中的主导作用。

发挥主导作用，应采用多种灌输渠道与形式，灌输渠道一般可通过马列主义基础课教学、形势任务教育、日常思想政治工作等进行。灌输形式通常有以下三种：一是语言灌输，即通过上课、做报告、召开座谈会、个别交谈、民主协商等进行面对面的教育。二是文字灌输即通过书籍报刊等，对具体学校来说，可利用校报，学习心得，各种通告、文告等，这种灌输形式的优点是思想表达准确、信息量大、不受时空限制。三是形象化视听，即通过广播电视、电影、绘画、文艺演出等形式，它的特点是直观性强，尤其一些优秀作品感染力强，具有更大的教育作用。

发挥主导作用，能使灌输达到预期的目的和取得良好的效果，但应注意这样几个问题：一是平等相处。教育者与被教育者在教育过程中形成主动与被动的关系，但两者之间在人格上是平等的。如果教育者盛气凌人，动辄训斥、指责，使受教育者得不到人格上的尊重，在这种气氛下，灌输是不可能有好效果的。只有采用平等对话，循循诱导，才会事半功倍。二是坚持实事求是，尊重科学，尊重事实，尊重真理。那种口若悬河不负责任的说教不能达到传授知识的目的，而且会误人子弟。三是深入浅出，联系实际。灌输如果是照本宣科，同样会影响教育效果。高校学生管理工作者必须把马列主义基本原理变成自己的语言，深入浅出地表述并且联系实际，有血有肉、生动活泼地进行讲解，摒弃那种"我教你学，我说你听，我写你看"的消极方式，这样，才能得到学生的欢迎。

### 2. 疏导的含义及其要求

疏导的含义是疏通引导，是广开言路、集思广益；通过摆事实、讲道理，打通人们思想，有"解扣子""转弯子"的功能。在社会主义社会，人民的主人翁地位决定了凡是人民内部的分歧，凡是思想认识问题，只能用民主、讨论、说理、批评与自我批评的方法去解决，而不能采用强迫、压制的方法去解决。疏导是民主方法在教育过程中的体现。对待学生中的种种思想问题，一定要采取疏导的方法，防止矛盾扩大或激化。疏导必须遵循以下几个原则：

（1）疏导要体现时代性、正确性。所谓时代性，是指站在时代的高度，善于解决思想上的"热点"。一定时期思想上的热点往往成为高校学生的敏感点，这些问题不解决，就不能激发学生的各项热情。近几年来，高校学生中对"中国为什么必须坚持走社会主义道路""为什么必须坚持中国共产党的领导"等问题思考较多。对这些重大问题，如果不进行正确的疏导而是采取回避态度，或仅从遵守法纪等角度进行疏导，是不能从根本上解决问题的。必须用大量无可辩驳的事实，对学生进行说理教育，使其从思想上真正把"扣子"解开，从而激发其政治热情、学习热情。

站在时代的高度，解决"热点"问题必须坚持正确的政治方向，这就是疏导的正确性。这是必须防止两种倾向：一是离开学生的思想实际进行空洞的说教引起学生的逆反心理，二是不去解决学生中的思想认识问题，甚至迎合迁就学生中的错误认识。这种疏导，不仅不能解"扣子"反而会结新"扣子"。因此，坚持疏导的正确性是极为重要的。

（2）疏导要有针对性、层次性。针对不同对象，采用不同的疏导方法，是针对性的含义。

这里必须注意两点：一是群体的层次性。高校学生群体一般可根据入学年龄、表现优劣分为年级层次和素质层次。以年龄层次为例，毕业班学生自我意识较强，而新生从众心理较强，解决同一个问题，采用疏导的方法应有区别。同样，再拿素质层次来说，一个年级、一个班学生总有优、中、差之分，对一些较为优秀的学生，可能一疏就通，所谓"心有灵犀一点通"，而对一些较为后进的学生来说，则可能要进行艰苦细致的思想工作，晓之以理，动之以情，采用各种形式的综合教育才能奏效。如果不分层次一锅煮，是不会有好结果的。二是个体的差异性。在不同层次里，还存在个体差异，这种差异体现在性别、性格、爱好、家境等方面，我们在进行个别疏导工作时尤其要注意这一点。

（3）疏导要讲究艺术性、有效性。疏导的艺术性和有效性是两个既有联系又有区别的概念。疏导能不能达到预期的效果，很大程度决定于疏导的艺术性。同样回答一个学生所关心的问题，如果采用学生所喜闻乐见的形式或方法，效果就好。为什么相声演员进行某些内容宣传时能给人们打上较深的烙印呢？这是艺术感染力的作用。因此"寓教于乐"是值得提倡的好形式。另外，讲究艺术性还包括谈话的艺术，批评、表扬的艺术，等等。疏导讲究艺术性，必定会提高疏导的效果，这是每一个学生管理工作者所力求达到的；同时，不应忘记，增强疏导的效果还同疏导的强度、重复频率的适度有关，这是需要在工作中不断总结摸索的。

灌输与疏导是既对立又统一的两个方面。说它们是对立的，是因为灌输带有强制性，不管对象头脑有没有这样那样的思想，一概进行注入；而疏导是根据对象的特点和存在的思想问题，进行说服教育。说它们是统一的，因为两者根本目的都是实现对人的教育。因此，把灌输和疏导绝对对立起来或等同起来的观点都是片面的。如果过分强调灌输一面，看不到高校学生自我意识增强的一面，可能会导致"填鸭式"的消化不良症；如果过分强调疏导，崇尚提倡自发性，可能会导致自我意识膨胀，迷失政治方向。这两种现象都是每一个学生管理工作者所力求避免的。灌输是疏导的基础，疏导是灌输的继续。把灌输与疏导有机地结合起来，这样，学生管理工作才会出现新的气象。

### （二）规范与指导相结合的原则

高校学生管理工作是高校工作的重要组成部分。规范是规定人们应该怎么做、不应该怎么做的基本要求和准则。高校学生管理工作规范，一方面应规定高校学生学习、生活行为的基本要求，同时也应规定学生管理工作的准则、方法和途径。高校学生管理工作规范一般可分为目的规范、制度规范、舆论道德规范等几种，它们本身有其特定的内涵和特点。

### 1. 高校学生管理工作规范的分类

（1）目的规范。目的规范或者称目标规范，这是一种宏观规范。任何一所高等学校，必须有明确的办学目的，围绕办学目的开展各方面的工作。社会主义高校为社会主义建设培养合格人才。所谓"合格"是指必须坚持四项基本原则，具有现代文化科学知识、体魄健全的、能够为社会所需要的专门人才。在这个总目的之下不同高校都应有体现本校特点的办校目标，即培养出来的学生，既应掌握适应生产力发展需要的科学知识和生产技能，又应具有适应生产关系所需要的思想品德。通过制定办学目标，从宏观上来规范学生管理工作方向，帮助大学生既认识社会主义大学的性质和培养目的，又了解自己就读的大学的具体要求和目标，从而激励学生学习的积极性，这就是目的规范的内涵及意义。有了明确的目的，高校学生才能站在历史的高度，正确把握自己的成才目标和方向，圆满完成大学学业，成就未来的事业。同时，学生管理工作者也可以围绕这个目的，齐心协力地开展工作，努力培养合格的社会主义人才。[①]

（2）制度规范。如果说目的规范是一种宏观规范，那么制度规范不仅具有宏观的性质，而且还具有微观的性质。因为学生管理工作的准则，大至整个学校的管理体制，小至进出校门的会客制度等无所不包。因此，制度规范是指整个学校管理制度的产生和制定。

制度规范从内容上可分为：第一，教学制度规范。它包括研究生、本科生、专科生的学籍管理制度、学生教学实践管理制度、优秀学生评比制度等。第二，生活制度规范。这里包括学生奖学金、助学金、贷学金的管理制度，课堂、礼堂、食堂、学生宿舍的管理制度；等等。第三，校园文化制度规范。这里包括举办舞会、放映电影及其他文化活动的制度规范、社会活动的有关规定；等等。这些有关制度应根据学校管理需要而逐步制定逐步完善起来。

对某一方面制定的具体规范从形式上来分，可分为作为、不作为和处置。作为是通过制度规定可以做什么，例如学籍管理中规定学生因病可以按规定休学；不作为是通过制度规定不可以做什么，例如学生不得参与赌博活动。处置是对作为与不作为中的优劣给予奖惩。处置可以采用精神、物质的方式进行。高校学生管理工作应以精神上的处置为主、以物质的处置为辅。尤其是物质上的处置更应慎重。因为高校学生（除研究生外）的经济来源主要依赖父母，因此，如果对其过多地采用经济处罚，会引出两种后果：一是引起部分学生的反感，二是对一些家境富裕的学生来说违反某项制度或损坏某件物品无非是赔几个钱，不值得大惊小怪，起不到处罚的作用。值得注意的是，目前，在一些高校采用经济处罚的规范制定得过多过细过滥，这是不正常的。在精神处置问题上，值得提出的是政治上的处罚是惩前毖后，治病救人，决不能在人格上污辱学生。

（3）舆论道德规范。这同目的规范、制度规范有明显区别。目标规范、制度规范是以成文的形式通过国家学校行政手段来保证其实施。而舆论道德规范，是不能用国家、学校的行政手段来规范学生言行的。例如对高校学生的恋爱问题、地域观念问题等就不可能通过制定一些明确的条文来规定其界限。因为这些问题，在程度上很难给予划定。这种情况，就要通过舆论道德规范，即通过学生对这些问题的习惯评价、公众舆论来规范，这里的关键是如何去正确引导习惯评价和公众舆论，这正是舆论道德规范的本来含义。

---

① 赵德水，杨全美.当代大学生管理 A B C [M].南京：南京大学出版社，1989.

## 2.高校学生管理工作规范的制定

高校学生管理工作规范对于坚持社会主义办学方向，培养社会主义的合格接班人具有重大的意义。为了保证规范顺利、正确地实施，制定规范必须体现科学性、稳定性、连续性、系统性。

（1）规范必须体现科学性。任何一种规范，如果不尊重客观规律，不符合科学的要求，就没有生命力。高校学生不论从生理上、心理上都正在逐渐发育成熟，他们精力旺盛，吸收新鲜事物快，充满着青年人的活力，这是主流方面，但也应看到他们情绪易于冲动，自我控制力弱。只有重视学生心理发展特点及规律，才能保证工作规范的顺利执行。同样，高等教育又是专业教育，强调学生的自学能力与创造能力的培养，这又给高校学生管理工作规范提出了专门的要求。因此，制定正确的、符合实际的规范是高校学生管理工作的重要任务。

（2）规范必须保持稳定性。任何一项制度一旦生成，必须在一定时期内保持稳定，这样才能体现该项制度的严肃性、权威性，也便于在实际生活中贯彻。尤其是一些比较重要的制度，更应如此。如果朝令夕改，不仅学生无法适应，就是学生管理工作者也会感到难于执行。当然，保持规范的稳定性，并不是对有关制度永远不能修改，而是说，制定规范要慎重，修改规范更要慎重。这样既保持了规范的相对稳定，又使规范更加科学、更加符合客观实际。

（3）规范应具有连续性、系统性。所谓连续性，是指相关规范必须前后衔接，不要出现断当，更不能出现矛盾。所谓系统性是指整个规范体系要简明扼要、层次分明、条理清楚。学生管理工作规范的制定是一个系统工程，制定时必须考虑细致周到，不能采取想起什么临时规定什么的应付态度。

## 3.高校学生管理工作指导的分类

指导是指点引导学生按照规范的要求自觉去执行，规范的制定也仅仅是开展学生管理工作的重要一步，如果指导学生去自觉实践规范，则还要做大量的工作。因此规范离不开指导，指导必须以规范为目标。指导学生自觉实践规范，应从下列四方面进行工作。

（1）规划指导。大学生活丰富多彩，与中学有明显的差别。但是，大学生的主要任务依然是学习。因此，指导大学生认识大学教学活动的特殊规律，规划好各项学习活动，是帮助大学生尽快适应大学教学生活的重要内容。大学教学在内容上大容量、大跨度，在专业兴趣、专业思想上的自由度，在继承学习、创造学习上的递增性，在学习时间分配上的自主性等都是中学教育中很少遇到或没有遇到的，如果没有一个总体规划，学习活动将杂乱无章。因此，指导大学生根据自己所在系及专业的特点，结合个人的兴趣、特长、学习能力等，制订科学的、切实可行的规划，这对于度过大学生活，掌握专业知识有着十分重要的作用。这种规划指导，可以由学生管理工作者参与共同制定，并监督执行，这样可以提高规划指导对学生本身的约束力。

（2）生活指导。帮助大学生认识大学特有的生活方式，理智地驾驭生活之舟，这是一项十分重要的工作。大学生的生活，有物质的、精神的两方面，并且受当今社会的影响很大，它包括衣食住行、休息娱乐、社交等，反映着不同的价值观、道德观、消费观、时间观，形成大学校园所特有的行为模式和生活习惯。尤其对大学生来说，他们经过激烈的竞争，才铺平了前进的道路，敲开了大学的校门。为了实现这一目标，在家庭成为"重点保护"对象，而家庭、中学大多采用保姆式的方法，因此生活自主能力较弱。进入大学校门后，面对着大把的自修时间、各种艺术沙龙、丰富多彩的社团活动和娱乐活动，容易使学生感到不知所措，纵情欢乐，影响学业。因此，学生管理工作者应积极引导学生适应校园生活，分清大学生活的主次，提高自觉性，增强自制力，克服惰性，学会理智地驾驭生活，在经济生活安排上，做到收支平衡，在精神上做到张弛有度，形成有节奏、有规律的生活秩序。[①]

（3）政治指导。帮助大学生坚定共产主义信念，站稳无产阶级立场，自觉遵纪守法，把好政治关，这是政治指导的含义。高校学生政治上还不够成熟，容易受各种思潮的影响，尤其在大是大非面前，一定要及时，正确地实施指导，防止上当受骗。这种在关键时刻给予明确的指导，可以保护学生的政治热情，甚至可以挽救其政治生命。当前政治指导最根本的是要引导学生在政治上、思想上、行动上同党中央保持一致，坚定正确的政治方向。

（4）示范指导。这是一种由性的指导，对学生烙印深，教育效果好，应贯穿在规划指导、生活指导、政治指导的始终。示范指导除了学生管理工作者的身体力行外，一般可以聘请德高望重的老教授、离退休老干部或本院校毕业的颇有成就的校友进行示范讲学或报告，也可以由高年级学生向低年级学生进行直接示范。这种示范，通过本人的经历和感受给学生树立起学习的榜样，达到指导学习言行的目的。实践证明，这种示范指导是十分有用的。

规范与指导，在开展学生管理工作时都有其各自的功能，只有将其有机地结合起来，才能发挥更大的作用。

### （三）管理与服务相结合的原则

管理就是按照某种要求将事物约束在一定范围之内。任何社会都需要管理，没有管理，社会将混乱不堪，也就不成其为社会。在阶级社会里，管理是阶级意识的体现。高校学生管理是学生管理工作者科学地运用人、财、物、时空、信息等自然要素，有计划、有步骤地对学生实施指挥、协调、监督等的活动，这是一种有目的、有意识的行动。社会主义大学管理的根本目的是按照无产阶级的意志塑造自己的接班人。这一定义，对高校学生管理的内容、范围、方法、目的等做了界定。

---

① 赵明吉，刘志岫.大学生管理工作研究 [M].济南：山东大学出版社，2007.

### 1. 高校学生管理的指导思想

以人为本，严字当头，严宽有度，遵章循法，一视同仁。坚持社会主义办学方向，形成一个良好的教学、生活秩序和内部关系，造成整齐清洁的校园环境。这个指导思想，简明扼要地点明了管理的主要对象、方法范围及其目标。高校学生管理围绕这个指导思想展开。以人为本，这是由管理对象决定的。高校学生文化素质层次较高、自立能力较强，又处在世界观的形成时期，抓住这个中心进行综合管理，就能提纲挈领，严字当头，宽严有度。从当前高校情况来看，特别要强调严格管理。"严师出高徒"。对学生来说，大学学习时间是极为有限的。在这有限的时间里，如果不能严格治学，只会是"老大徒伤悲"。当然这种宽严，不是不讲程度、不循章法。在实施管理中，一个重要问题是一视同仁，尤其是对一些优等的学生和较差的学生，不能因为其自身素质的差别而在管理时也采用不同的标准，这将是管理的失败。我们实现管理的根本目的就是为了形成一个良好的教学秩序和内部关系，打造一个整齐、清洁、优美的校园育人环境。

### 2. 高校学生管理的功能

高校学生管理中人、财、物、时空、信息五大要素，在管理过程中发挥着不同的功能：

（1）动力功能。管理系统中动力推动着管理系统的运转。这种动力就是学生管理工作者和学生自身。

要充分发挥学生管理工作者的主动力作用。在管理工作中，学生管理工作者始终处于主导地位，充分发挥管理工作中的作用是极为重要的。不仅严格管理，还要发动广大专业课教师和勤杂人员一起来涉足管理领域，做到管理育人，形成齐抓共管、敢抓敢管的局面。

要调动学生自身的内在动力作用。有些学生管理工作者只讲管，很少调动学生的内在动力。这种管理方法功效不高，容易成为抑制学生内在动力的副作用力。实际上，在日常活动中，让学生多参加一些管理活动，让学生认识自身在管理中的自觉作用，发挥自我管理的功能，这将与学生管理工作者形成一股合力，管理工作就可实现事半功倍了。

（2）激励功能。事物要运动，必须持续增加作用力。这种自然规律运用在学生管理中，同样可以产生作用。要使学生按照管理的要求从低级向高级发展，需要不断给予激励。激励有物质和精神的，给予一定的奖金或物品固然是激励，提供好的活动场所、创造好的生活条件也是一种激励。精神的激励作用应成为管理中的支柱。这种激励除了进行世界观、人生观、价值观和远大共产主义思想教育以外，应将每一项管理活动的意义让学生知道，成为他们的自觉行动，使学生真正成为活动主体，这是一项经常性的工作。

（3）排除干扰功能。对五大自然要素管理得好，可以发挥动力功能、激励功能，但是不应忘记，如果忽视了对五大要素的管理，干扰功能就暴露出来了。这种干扰功能是整个管理系统中的耗散力，起着抵消和减弱动力和激励的作用。这种干扰功能来自社会的各个方面，有家庭的、群体的、个体的，有物质的、精神的。但作为高校来说努力杜绝管理中的不正之风是排除干扰的有效途径。只要做好工作，在校园内可以造成一个相对优化的小气候。注意对干扰功能研究，可以排除和抵制管理工作的消极因素，对促进管理系统的完善有重要作用。[①]

### 3. 高校学生管理工作管理风格和模式

根据学生管理工作者与学生之间关系的疏密、学生自主能力的强弱、学生自身素质的情况，可以形成不同类型的管理风格和模式。

（1）教育管理型。刚入学的新生，同学之间关系相对比较生疏，自立能力较弱，这是一种情况；还有一种情况就是往届生由于自身素质较差，在班级处于后进状态，有的甚至同老师有一些隔阂，对这样一些学生除加强耐心细致思想教育外，一定要严格管理，使之在日常管理中养成遵纪守法的良好习惯，防止误入歧途。

（2）启发培养型。对大多数学生来说，他们同学生管理工作者的关系处于疏密都不过分的情况。这些学生，论自身素质和自立能力，都处于中等水平，这是高校学生中的大多数。日常的管理工作，主要通过讲清管理工作的重要性及其管理的内容、方法、范围、要求等，让每一个学生自觉遵守各种规章制度，并从中发现一些积极分子，通过树立典型、个别指导的办法，加以培养，成为学生中的骨干力量。

（3）参与指导型。学生骨干实际上是由两部分学生组成的。一部分是通过正常的选举途径，在学生管理工作者的指导下产生的学生干部；另一部分是学生中享有较高威信、并不担任学生干部的学生群体领袖。这些学生，从总体上看自身素质较好、自立能力较强，而同学生管理工作者的关系，前者可能紧密一些，后者视人而定。对这些学生，学生管理工作者可以参与其安排的各种活动，但不能包办代替，主要是给予指导把关。不要忽视学生中自发产生的群体领袖，这些同学，有一定的组织能力和号召力，应充分发挥他们在管理工作中的作用，如果放任自流，可能产生负效应，这将是管理的一种损失。

（4）放手监督型。高年级学生，尤其是毕业班学生或研究生优秀学生干部，他们一般同学生管理工作者比较熟悉，而其自身素质和自立能力都属于高校学生中的高层次。对这样的学生，应放手让其工作，培养其社会活动能力和组织工作能力。学生管理工作者的主要责任是给予监督检查，发现问题，及时给予批评纠正。

上面所列四种风格模式，在实际工作中，不可能分得这样清楚，只能根据实际情形相机而采用之。在复杂的情况下，应兼而用之，灵活掌握，才能产生更大的效能。

### 4. 高校学生管理与服务的相互关系

服务是管理人员依据管理规范的内容，有计划、有目的地向人们提供物质、精神、时空、信息等，以满足人们的需要和要求的活动。高校学生管理工作中的服务是指学生管理

---

[①] 邹礼均. 大学生安全教育与管理 [M]. 重庆：重庆大学出版社，2018.

工作者依据高校学生管理规范的内容，有计划、有目的地向学生提供物质、时空、信息、精神成品等，以满足学生学习、生活的需要和要求的活动。从管理的广义上去理解，管理就是服务，它是一种带一定制约性的服务，而服务是民主化的管理。管理和服务是不可分的，管理是服务的开始，而服务是管理的继续。当然，管理和服务也是有区别的。这种区别体现在采取的方式方法、涉及的范围、程度上的不同。因此，把管理和服务结合起来，这是加强高校学生管理工作的有效途径。

加强服务工作，对促进管理是必不可少的环节。根据高校的特点，高校学生服务工作应从以下几方面展开：

（1）保障性服务。即向学生提供衣、食、住、行及各种图书、报刊、资料等精神食粮，以保证正常的教学秩序。这方面的服务，在现有条件下，应尽量给予充分的保障。应该知道，提高保障水平，是高校学生管理工作者的职责，这同培养学生艰苦奋斗精神并不矛盾，是一个事物的两个方面，在具体工作中应将其统一起来。

（2）协助性服务。一般来说，高校学生都已具备了一定的自立能力。尤其在课余生活方面，他们有自己的想法和安排，这些想法和安排，如果学生管理工作者不给予协助，是很难实现的。例如，学生举办假日舞会需要场所，郊游需要车辆等，有关部门应给予支持和帮助。

（3）矫正性服务。顾名思义，这是帮助学生矫正各种不良行为和习惯。矫正服务是日常管理工作中经常遇到的重要工作。例如有的学生为一场球的输赢而激动，向玻璃窗发泄情绪。矫正这样的行为，一方面要给予必要的批评教育，或视情节轻重给予经济上的处罚；另一方面又应及时修复，以免影响学生的学习与生活。

（4）咨询性服务。这种服务是为学生当参谋、出主意，以达到在思想上、精神上为学生解忧排难的目的。这种服务在以往工作中时有应用，但没有上升到理性上去认识，因此自觉性不高。最近几年，学生的心理咨询、职业咨询服务已成为学生思想工作的一种重要辅助手段，越来越引起学生管理工作者的注意。

贯彻管理与服务相结合的原则，应防止两种倾向：一种是只强调管，而忽视做好服务工作；另一种是过分强调服务，采取保姆式的服务方法，什么事都大包大揽。这两种倾向都是片面的。只有将管理与服务结合起来，才能起到相辅相成、相得益彰的效果。

**（四）控制与发展相结合的原则**

近几年来，控制论在各学科中得了广泛的应用，把控制论的理论和方法引进高校学生管理工作中，是一件十分有意义的事。

**1. 控制的含义及其主要理论**

控制论最基本的概念是控制。实际上控制是一种作用，它包括作用者和被作用者，对控制作用来说，作用者是施控装置，被作用者是受控装置。控制就是施控装置对受控装置施加的一种作用。控制以因果关系为依据，具有明确的目的性，但与因果作用又有区别，一切有目的的行为都可以被看作是负反馈的行为，其意义重大。因此，机器与生物一般都是通过反馈来达到控制的目的。这就是控制论的基本理论观点。

在日常生活中离不开控制。通俗地说，高空飞翔的老鹰捕食奔跑的野兔，它在俯冲的过程中，通过大脑的调控及时修正飞行方向，最终准确地捕捉到目标。飞机的降落，也是一个调控过程。将控制论原理引进高校学生管理工作，这不是什么新发现。其实，在日常工作中，许多事情都是按照控制论的原理进行的，不过不少人没有从理论高度认识这个问题罢了。

高校学生管理工作的控制基本内涵是依据学生管理工作预期目标，运用学生管理工作的调节机制，使整个学生管理工作系统处于最佳工作状态，发挥最佳的效能作用，以达到既定目标。减轻高校学生管理工作者的工作强度，在保证学生管理工作、学生本身的均衡发展以及培养大学生的自律能力等方面具有重要的意义。

## 2. 高校学生管理工作的控制手段、作用及其能力

（1）控制手段。对系统的控制主要是通过负反馈作用来实现的。施控者向受控者发出指令，受控者将执行结果通过反馈系统向施控者反馈；施控者在得到反馈信息后，及时修正指令，这是一个连续不断的过程，直至这一阶段结束、某一功能动作完成。作为学生管理工作系统来说，施控者是高校学生管理工作者，而受控者则是大学生。学生管理工作者向大学生下达多种管理信息，学生通过各种渠道不断将执行中遇到的问题向学生管理工作者反映。学生管理工作者根据得到的信息，及时修改下达的各种管理信息，以符合学生管理工作客观实际，从而达到科学管理的目的。看来，系统在受控下进行，首先必须解决两方面的问题：

系统的标定。既然控制是以因果关系为依据，是有目的的行为，为了使系统运行有高的效能，首先必须为系统确定目标。高校学生管理工作系统的目标应根据党的教育方针及各高校本身的性质特点、规模、培养目标等来确定。如果没有目标，这种调控是盲目的。例如有的高校实行学分制。如果不提出具体的学分指标，教学系统的运行就无法进行，各种调控手段必然失灵。因此，系统定标必须把因果关系中预期的果、有目的行为的预期目的明确地提出来，这是保证系统正常运行的首要条件。

反馈系统的畅通。作为施控者的高校学生管理工作者和作为受控者的大学生相互之间必须进行信息交流，系统才会正常运行。如果相互脱节，系统的运行将会停止。我们平时提倡双向交流，沟通思想，这是控制论思想的具体体现。要保证两者之间的信息畅通，必须采用多形式、多渠道的方法，不能停留在单回路，应当是双回路、三回路，甚至是多回路，这样，一条回路发生故障，可以通过其他回路来反馈信息，这应当成为系统控制的核心问题。在高校日常工作中，信息发布会、校（院）长信箱、师生对话会、各种形式的座谈会等是反馈信息的有效形式。在反馈过程中，高校学生管理工作者扮演着两种角色，在

一个特定的系统中，一些学生管理工作者是控制者，而另一些学生管理工作者是受控者；在另一个特定系统中，原来的受控者向控制者转移，当然，同样在一个新的系统中，控制者又向受控者转移，这是客观现象。最关键的是调控手段是否有效。[①]

（2）控制作用。系统在运行中的控制作用是十分明显的。这如同原子反应堆运行的控制一样，当铀棒进入原子反应堆启动时，裂变反应将不断加快加大，这种发展趋势如果不控制，整个反应堆系统将被炸毁。同样，如果控制作用过大，整个反应系统的运行将逐渐减缓减小，直至停止。从这里，我们可以看到，控制在系统中起着两方面的作用：

系统有目的的制约。上面所说，如果让系统运行任意地发展，必将造成系统的自我破坏。因此，控制是将系统制约在一定范围、规模、程度中正常运行。这种有目的的制约作用，是通过掌握最佳调控手段和方法实现的。例如学校社团活动发展过多过滥，学生管理工作者就要通过加强组织统一活动来调控。因此，寻找并提出最佳调控手段和方法将是有目的制约实现的前提。这种制约如前所述，是一种负反馈。

系统有目的的引发。当系统本身的规模、范围、功能过小时，这种调控实际上是引发，只有这样，系统才能从低级向高级发展。不进行引发，系统的运行功能不会提高，甚至造成运行的停止。例如开展学雷锋、树新风活动，如果学生管理工作者不去通过大量的宣传和组织工作来引发，活动不会出现大的规模。

（3）控制能力。控制作用能不能达到预期目的，不仅同控制的手段方法有关，而且同控制能力有关。控制能力是指系统达到预定目的的差距缩小到一定范围的能力。当然，任何控制都希望完全达到或基本达到目的，但事实往往并非如此。对于高校学生管理工作者来说这种控制能力既有权力因素，又有非权力因素。例如学校的校长具有很大的权力因素，对同一系统、同一问题，可能比其他人控制能力要强一些，当然，并不是说权力越大控制能力越强，而权力越小控制能力越弱，这里还有一个非权力因素在起作用，它包括年龄、资历、学识、声望等。因此在配备学生专职辅导员时，如果由一些年龄稍大一些、学识广一些、声望高一些的同志来担任，对高校学生管理工作将大有裨益。每一个高校学生管理工作者，应认识这种控制能力，并不断扩大控制能力，尤其是非权力因素的控制能力。

### 3.高校学生管理工作控制的内容

一所高校是一个总系统，下面还有许多分系统，作为高校学生管理工作来说，它本身又可分为几个子系统，例如学生管理工作机构系统、学生教学工作系统、学生课余生活系统等，对这些系统实施有效的控制，是高校学生管理工作的重要内容。

（1）控制高校学生管理工作系统。这种失衡表现在工作机构的重复或工作机构有名无实。例如，学校学生指导委员会，如果不经常开展活动，不发挥作用，这种工作机构对学生管理工作的调控来说如同虚设。同样，如果在高校学生会设立了科技开发部，管理学

---

① 邹礼均.大学生安全教育与管理 [M].重庆：重庆大学出版社，2018.

生有偿服务，又另外设立学生科技开发中心，同样管理学生有偿服务，这就造成学生管理工作机构的重复，我们应将其合并起来共同发挥效能。

（2）教学活动系统控制，防止专业失衡。大学生从中学跨进大学校门以后，有些学生急切盼望多学一点儿知识，每天希望排六节课以上，而一些自律能力较差的学生，则希望每天排三四节课就可以了；教师对排课、上课也有各自的要求；等等。这些教学活动，如果不进行有效的控制，将会造成教学活动的混乱。这方面教务部门的工作人员在调控中起着重要作用。

（3）学生课余生活系统地控制，防止生活失调。丰富多彩的课余生活是青年大学生所向往的，对大学生的成才十分有益，但是，如果课余生活安排过度，将直接影响到教学。因此，高校学生管理工作者应该根据青年大学生的特点和教学活动的安排，将课余生活控制在一定范围内。寻找适度的范围是高校学生管理工作者的任务。

控制还有一个效能问题。要提高控制的效能，应注意以下几个特性：

（1）效益性。控制总希望有高效益，即控制器的规模尽可能小，调控过程尽可能短，调控机构尽可能简，这是可以理解的。但是，上述这三种要求往往是相互制约的，例如，如果要求调控器的规模小，则可能调控过程就会长；同样，如果要求调控过程短，则可能调控机构就比较复杂。因此，实现高效益的调控，本身就是一个值得研究的调控系统，只能在实际工作中探索。同样，高校学生管理工作的其他方面控制，也应经过实践、经过科学论证才能提高效益，实现最佳调控。

（2）连续性。任何系统本身是连续的，系统的运行也是连续的，控制当然也应是连续的。例如上面提到的高空飞翔的老鹰捕食奔跑的野兔，这个过程必须是连续不断的过程，才能完成系统的功能，如果中间出现任何一个阶段的中断，这个系统运行将会中止。因此，控制的连续性是必需的。对高校学生管理工作系统的控制，也是一个连续过程，并且是从低级向高级发展，只有认识了这一点，才能提高实施控制的自觉性。

（3）阶段性。系统的发展具有阶段性，当然控制也应是阶段性的。这种阶段性，体现在系统运行过程中。实施的控制应根据系统在不同阶段的特点实施不同的控制手段、方法，而不能采用一种固定的控制模式。例如，对教学活动系统的控制，在基础教学阶段和专业教学阶段应是有区别的，应采用多种控制方法，这样才能提高控制的效能。

## 4. 控制与发展的辩证关系

任何控制都是对发展趋势的一种制约或引发，控制是相对的，发展是绝对的。控制的积极性是显而易见的。但是，也应看到控制的消极性，这种消极性，主要体现在对系统发展的过分制约。发展从理论上说，它是系统范围、规模、程度的增大，数量的增多，位置的变异等。发展的绝对性是发展的积极性方面，但是如前所述，无控制的发展将会造成系统的自毁，因此，将控制和发展结合起来，这是保证系统正常运行的正确原则。

### 5. 发展的类型

高校学生管理工作贯彻控制和发展相结合的原则，要懂得控制的原理，同时也应掌握发展规律的两种基本类型。

（1）单一目标的定向发展。发展作为系统的运行趋势，必须确定方向。单一目标在定向发展中具有特殊的意义。学生管理工作者总希望每个学生都有矢志不渝的奋斗目标，有自己的特长。但是，仅仅希望是不够的，必然协助学生根据其自身的特点确定明确的单一目标，发展自己的特长。例如，有的学生好高骛远，一门外语没有学好，就想同时学两门、三门外语，对这些学生应进行启发教育。要告诉学生：在短短的四年时间，要同时学好多门外语是相当困难的，必须集中精力，先学好一门外语，在此基础上，如果精力有剩余，才可学习第二外语。

（2）多目标的交替发展。高校学生管理工作要培养社会主义建设的合格人才，在这个长目标下，要求德、智、体全面发展。既然是全面发展，从这个意义上也可看作是多目标。这种多目标同上面所述单一目标并不对立和排斥，而是相辅相成的。学生管理工作者应引导学生针对自己的薄弱环节，付出更多的精力，达到全面均衡发展的目的，这种均衡发展是通过交替发展实现的。在实际活动中，单一目标的定向发展和多目标的交替发展并不是相互独立的，而是紧密相连、相互转化的，从不均衡向均衡转化，然后又从均衡向不均衡转化，这就是发展的规律，高校学生管理工作也应遵循这个规律。

## 四、大学生管理的方法

### （一）调查方法

调查方法是搜集信息的重要方法，也是把握学生特点和思想轨迹的传统方法。通过调查，我们可以获得学生的自然属性、特定时间里的事件及其发展情况、学生的品质特征及其频数分布等方面的信息。

调查方法多种多样。从调查范围看有普查、抽样调查、个案调查等；从调查技术看有问卷调查、口头访谈、集体座谈等；从调查途径看有直接调查和间接调查。各种调查方法都有其优点和局限性。如问卷调查可以在较短的时间内获得大量的信息，而且费用较低，被调查者可以不署名而无心理压力，但这种方法受被调查者填写时的随意性和不完整性的局限；访谈调查可以了解被调查者较为充分的信息，可以即时解释一些理解上的问题，然而访谈调查存在高费用、对访谈者的要求严等局限性。[①]

---

① 赵明吉，刘志岫.大学生管理工作研究 [M].济南：山东大学出版社，2007.

我们要根据问题的需要和可能的条件选择合适的调查方法，切忌以方法为中心，为调查而调查。虽然我们可以经过不断的实践逐步掌握和灵活运用各种调查方法，但我们要切记在调查（尤其是问卷调查）活动中争取获得专家的支持和帮助。

### （二）观察与试验方法

观察方法可以获取有关学生外显行为的信息，它分为参与性观察和非参与性观察。参与性观察就是观察者参与被观察者的活动，在一起活动（如一起游乐、一同上课等）的过程中观察被观察者的情况；非参与观察就是观察者在边上或隐蔽的地方观察被观察者的活动。无论是哪种方式的观察，都要注意和搜寻每个细节，并做好记录，都要实事求是，不干扰、不左右被观察者的活动。

试验是目的性更加明确的控制性观察，有能确立变量之间的因果关系等突出的优点，也有难于控制等局限性。由于试验的设计可以使得偶然性对于事件过程的影响达到最小值，有人不无道理地断定"被动的观察得来的事实的确定性，不如人为的试验结果的确定性"。我们要努力学会和运用观察与试验方法。

### （三）数据处理方法

运用上述调查方法、观察与试验方法、心理测量方法和文献分析方法所获取的信息中，经常含有大量的数据。对数据的处理，我们往往停留在描述统计的水平，只是以绝对值、平均值差值、百分比等说明问题。而对于数据的推理统计等处理方法知之甚少、用之更少。这种状况造成数据的浪费，更严重的是在一定程度上影响了我们根据某些数据所做判断的准确性。

比如，关于某个变量的数据，如果不进行推理统计，与其他变量一起进行相关分析，数据的作用就不够充分；关于某项指标的两个不等值数据，如果不进行推理统计，就只能知道其差异，而这种差异是否显著就无法判断。如果我们过多地计较并不显著的差异，或注意不到实际存在的显著差异，那么我们由此所把握的学生特点和思想轨迹就失之偏颇，甚至是截然相反。

通过上述几种方法，我们可以把握学生特点和思想轨迹，同时要综合利用以下基本渠道：

（1）学生的成长经历。大学生上大学之前的成长经历，对其世界观、人生观和价值观的形成有着重要的影响。我们不仅要在宏观上考虑是来自农村还是城镇、是否来自独生子女家庭、是来自经济发达的东部地区还是欠发达的中西部地区的学生之间的横向差别，而且要考虑学生的成长过程和包括家庭在内的客观环境等的纵向变化。横向或纵向差距较大的学生生活在一起，互相之间的影响也较大。通过对学生的成长经历的考察，我们就能历史地把握学生的特点和思想轨迹。

（2）学生的课程学习。学生在校期间最主要的规定任务就是在老师的教导下完成学习计划。学习教学计划规定的课程或自己选修的其他课程占据了学生相当比例的时间，学生在课堂上的言行表现、对教学活动安排和老师的意见和建议、对课程内容的反映和掌握程度、专业思想的形成过程和当前状况、教师的教书育人情况和对学生的影响等，都是我们在把握学生特点和思想轨迹时要掌握的重要情况。因而学生的课程学习活动是我们把握学生特点和思想轨迹的重要渠道。

（3）学生的课外生活。大学生的课外生活是丰富多彩的。相对于课堂学习来说，课外生活轻松自由，学生基本上是从个人兴趣出发参与校园和社会生活，因此，大学生的课外生活更能够真实地体现学生的性格特征、思想状况和学生的其他背景材料，成为充分了解学生的重要渠道。如果我们不去了解学生的课外生活，就无法全面准确地把握学生的特点和思想轨迹。

（4）学生在重大活动或事件中的思想和行为表现。全班性的活动、全院系的活动、全校性活动、全市性乃至全国性的活动，都是相应范围的重大活动，以重要内容为主题的活动也是重大活动。学生对重大活动的看法、想法、意见和建议，是主动参加还是被动参加，在活动中的积极性程度和行为表现等情况，对我们了解学生的特点和思想轨迹很有帮助。我们通过国庆庆典活动、校庆活动等渠道对学生的特点和思想轨迹有了进一步的认识和把握，充分说明了学生在重大活动和事件中的思想和行为表现的重要意义。

（5）学生留给别人的印象。学生都生活在集体中，在集体生活中能给其他成员留下印象；学生免不了要与老师交往，能给老师留下印象；学生一般都会向家长汇报在校期间的所思所想、所见所闻，能给家长留下新的印象。这些印象能在一定程度上反映学生的特点和思想轨迹。如果我们能够通过学生的同学和朋友、老师和家长了解到这些印象，无疑有助于我们对学生特点和思想轨迹的把握。

（6）计算机网络。计算机网络是新生事物，它对学生的影响还有待进一步调查和研究。但我们不难发现，学生在现实空间中不相信的许多事物都是因其形式，而不是内容；在虚拟空间中相信的许多事物是因其内容，而不是形式（往往不知道其形式）。这说明，学生在虚拟空间中的思想和行为表现有别于现实空间中的表现。

在计算机网络飞速发展的时代，我们必须高度重视和积极利用这一新的渠道。我们曾经遇到过因有人不负责任地在电子公告板（BBS）发布谣言或煽动性信息而让人误解或引发不良事件等情况。这有力地说明了利用计算机网络对于了解和把握学生特点和思想轨迹的重要性。

# 第二章　高校学生工作的基本理论

## 第一节　高校学生工作能力形成及其提升

近年来，随着我国高校的不断扩招，高校大学生的总体数量逐年上升。数量庞大的在校大学生对各大高校辅导员的学生管理工作提出了新的要求，同时也面临着很多新的问题需要解决。如何开展高质量的学生管理工作，如何有效提升高校辅导员的学生管理工作能力，为社会培养各类优秀人才，成为各高校亟待解决的问题。高校辅导员是开展学生管理工作的主力军，因此，要想有效促进高校学生的管理工作，就必须从辅导员这个群体入手，以便更好地解决与学生管理工作相关的问题。

### 一、高校辅导员应有的责任和义务[①]

教育部明确规定，辅导员是开展大学生思想政治教育的骨干力量，是高校学生日常思想政治教育和管理工作的组织者、实施者和指导者。因此，辅导员在高校学生管理工作中起着不可或缺的作用。当学生对未来迷茫时，辅导员应该帮助学生确立目标；当学生出现心理问题时，辅导员应该有效帮助学生积极解决。高校大学生作为一个国家和民族未来发展的希望，应该被给予足够的重视。因此，辅导员应该对学生进行充分的关怀和帮助，积极引导，帮助学生成为品质高尚、能力出众的栋梁之材，努力为我国社会主义现代化建设培养出更多优秀的建设者。

### 二、当前高校辅导员学生管理工作中的问题

#### （一）辅导员在开展学生管理工作时，侧重点不科学

学习生活和日常生活共同构成了高校大学生的大学生活。而多数高校辅导员会认为大学生已经确立了自己的人生观和价值观，已经长大成人，因此很少和学生进行思想上深层次的交流和沟通，这就造成学生在对未来迷茫困惑的时候，缺少良师的指导。这在一定程度上对学生管理工作的开展起到了十分消极的影响。与此同时，在常规纪律检查方面，如

---

① 陈晓娟.高校辅导员学生管理工作能力的培养 [J].产业与科技论坛，2014，13（15）：243-244.

宿舍卫生检查、晚归检查、早操检查、上课出勤检查等，辅导员抓得较紧，大多数同学普遍对这种状况由起初的不理解转为反感，这就造成了学生和辅导员之间交往的阻碍。因此，高校辅导员在学生管理工作中不科学的侧重点，是影响学生管理工作有效开展的重要因素。

### （二）大学生的心理问题日益突出

目前，在我国各大高校中，大学生的心理问题日益突出，并且，这个问题没有引起部分辅导员足够的重视，这就为相关学生管理工作的开展埋下了一定的隐患。大学期间，学生本应该为了人生的理想而努力奋斗，然而由于其心理问题日益突出，导致出现很多消极现象。目前在多数高校，针对这些现象仍然没有一个有效的解决办法。如果在未来发展的过程中这一问题仍然得不到良好的解决，那么一定会对我国未来的教育产生不良影响。

### （三）辅导员工作能力不足，缺乏对学生的关心

作为高校辅导员，应该有十分健康的心理品格和较高水平的专业知识。然而在一些高校，因辅导员招聘条件不够严格，门槛较低，导致个别辅导员不具备足够的能力去开展相关的学生管理工作，这在一定程度上影响了辅导员科学合理地开展学生管理工作。此外，一些辅导员除本职工作外，经常忙于其他方面的事务，精力有限，不光本职工作没有高质量地完成，对学生也缺乏应有的关心。因此辅导员和学生之间沟通不足，辅导员无法深入了解学生群体已经存在及隐藏的一些问题，也就无法对这些问题进行有效处理。因此，辅导员工作能力的不足，以及对学生缺乏应有的关心，这些都阻碍着学生管理工作的开展。

### （四）沟通平台过于单一

在科技日益发达的今天，网络逐渐成了新的交流与沟通的载体。虽然如此，目前高校中仍有少数辅导员只是采取面对面谈话的方式与同学进行交流。不可否认，这是最直接和有效的谈话方式。但是，作为学生管理工作的主体，辅导员应深入学生中去，努力和学生打成一片，会使用并且熟悉学生中间一些常用的社交软件，积极融入学生中，而不是闭门造车，想当然地去理解学生的行为。否则，长此以往，辅导员与学生之间的距离会越来越远，也会严重阻碍学生管理工作的高效开展。

## 三、高校辅导员做好学生管理工作的对策措施

### （一）加强知识学习，提高专业素质

辅导员作为高校学生管理工作的主要执行者，必须具备丰富的专业知识以及优秀的综合素质与能力。在日常学生管理工作的开展中，辅导员的一言一行都对学生起到十分重要的影响，也就是说，辅导员本身就应该具有正确的人生观、价值观和世界观。因此，辅导员应该以高尚的德行、丰富的知识来对学生进行熏陶，为人师表，身体力行。此外，学无止境，高校的辅导员应该不断学习先进的文化知识来提高自身的文化素养和品位，当具备

高水平的综合素质和专业知识之后，才能更好地引导学生健康发展，为社会培养优秀的有用之才。

### （二）重视与学生进行有效的沟通

辅导员应该和学生多进行思想方面的沟通和交流，在入学之初就了解学生们对于未来的想法与初步规划，这样才能更好地对其加以引导；同时在交流中，通过学生的表述，还会发现其存在的一些问题，在沟通的过程中也可以有效解决。此外，辅导员可以经常组织开展如班会、春游等集体性的活动，并且辅导员本身应该参与其中，积极与学生打成一片。这样的活动将十分有利于辅导员拉近与学生这个群体之间的距离，缩小思想方面的差距，减少代沟。在这些集体性活动中，辅导员能够更好地了解学生中存在的问题，特别是一些性格缺陷比较明显的学生，如过度内向的同学、脾气过度火暴的同学、对未来迷茫的同学以及特别敏感的同学。通过多次接触，辅导员才能对症下药，对这些特殊的学生进行科学合理的引导，从而有利于学生管理工作的开展。

### （三）以点带面，重视发挥班级学生干部和党员代表的作用

在高校中，班级和寝室是最基本的集体单位。因此，辅导员要想提高学生管理工作的质量，就必须充分发挥班级学生干部及班级内党员这两个群体的积极作用。通过学生干部和党员代表来积极引导班级其他同学，以点带面，由部分来推动整体的发展。班级学生干部作为高校班级一般小型活动的组织群体，具有很强的号召能力；而班级内党员代表作为先进分子，也可以起到表率作用，带动班级良好发展。因此，辅导员首先应该和班级学生干部及党员代表多交流、多沟通，努力培养具有优秀思想和健康品格的班级成员，鼓励大家学习先进的文化知识，塑造优秀的思想，并引导班级组织开展一些具有积极意义的集体性活动，以增加班级的凝聚力，使集体更加团结。这样辅导员的学生管理工作开展起来会更加得心应手。

### （四）建立健全完善的沟通机制，采取多种方式与学生交流

随着现代化科技的发展，越来越多的通信手段为我们提供了交流和沟通上的便利，而不再仅仅局限于面对面的交流方式。作为学生管理工作的直接参与者，辅导员应该与时俱进，了解学生常用的通信软件及社交软件，建立有效的沟通机制，例如QQ群组、微信群组等，通过这些先进的载体与学生进行充分的沟通和交流，以便于更好地了解学生群体中存在的问题，进而更好地解决这些问题。此外，辅导员应积极参与到学生组织的各项活动与聚会中，近距离、多渠道地融入学生群体，这样既可以充分了解班级学生，又有利于学生管理工作的展开和顺利进行。

### （五）科学找准学生管理工作的重点

在开展学生管理工作的过程中，辅导员应该有科学的侧重点。辅导员应该多关注学生

的内心世界。例如，目前很多大学生对未来就业都十分迷茫，不知道自己毕业后要做什么，不清楚大学所学为何，这种迷茫的心理消极地影响着学生的健康发展和综合素质的提高。因此，辅导员应该加强专业知识及专业背景的学习，如就业途径、考研、创业等，同时，辅导员应多多关注社会就业情况，为学生清楚地讲解和分析未来专业发展的前景和方向，让学生懂得大学所学知识的重要性，进而帮助他们树立目标，并促进其努力奋斗。

### （六）结合实际情况，以人为本

高校学生管理工作一定要坚持以人为本，以学生为本，并切实落实到大学生实际生活中去，不能只做表面工作。辅导员在与同学进行沟通和交流时，应该结合实际情况，具体问题具体分析。由于不同的同学具有不同的生活背景、不同的经历，因此也就成就了不同的性格。因此，辅导员在和同学进行接触和沟通时，应该具体问题具体分析，充分体现以人为本的理念。只要辅导员用心对待学生，真正做到真心和关心，就能够事半功倍，全面促进学生管理工作的有效开展。

### （七）有效做好特殊群体的学生管理工作

各大高校的大学生中，总有一部分学生属于特殊群体。身体缺陷或过度贫困都可能会造成一定的心理问题，进而不利于健康品格的树立以及综合素质的提高。对这一群体的管理也是辅导员工作的重中之重。因此，辅导员在开展日常学生管理工作时，切不可忽略对这些特殊群体的关怀。在维护其自尊心的基础上，应该对其进行一定程度的帮助。同时，应该积极鼓励他们努力走入班级群体中间，充分感受这个大家庭的爱。只要辅导员充满爱心、耐心地帮助同学们健康成长，那么学生管理工作就能够十分顺利地进行。因此，辅导员在管理过程中，一定要充分考虑一切因素，做到面面俱到。

高校大学生是我国社会主义现代化建设的主体，是我们民族未来发展的希望所在。因此，各大高校以及相关的教育部门，应该提高对高校学生管理工作的重视程度。尤其是高校的辅导员，作为高校学生管理工作的主要引导者，必须承担起责任和义务，努力提高自身的综合素质，教师彼此之间应该多多交流心得、交换经验，进而对高校大学生的日常生活和学习进行科学合理的引导，为我国社会主义现代化建设提供更多高素质的人才。

# 第二节　高校学生工作的方法与模式探析

## 一、高校学生工作的方法

在全面推进素质教育、促进大学生成长成才的过程中，辅导员及班主任扮演着极其重要的角色，是培养人才的一支重要依靠力量，是确保我们党执政地位的重要因素。高校学生工作关系到能否坚持育人为本、德育为先的社会主义办学方向；关系到培养什么人和怎样培养人的高校办学的根本问题；关系到高校的改革、发展与稳定。随着国家的不断发展、教育改革的日益深入，摆在我们面前的任务加重了。社会对大学生的影响非常复杂，这就对学生工作提出了更高的要求。

### （一）明确高校学生工作的任务

我们党的教育方针是培养德、智、体全面发展，具有创新精神和实践能力的社会主义事业建设者和接班人。这是对高校人才培养的性质和目标的方向性、原则性的规定。高校的学生工作任务就是围绕这一宗旨提出的，可概括如下：①思想政治教育；②大学生行为的规范化管理；③学生班级建设；④大学生的实践活动；⑤为学生服务。

高校班主任和辅导员的工作任务和内容具有时代性、青年性、高校性、思想政治性等特点。高校辅导员要努力通过自己的工作，对大学生的思想政治发挥引导作用，对大学生的行为管理发挥规范作用，对大学生的学习发挥促进作用，对大学生的时代精神发挥激励作用，对大学校园秩序的稳定发挥维护作用，对大学生的班团组织发挥领导作用。辅导员的工作是全校学生工作乃至全部工作的基础。[①]

### （二）将平等和服务融入学生工作中

平等，是人与人交往的基础。只有在平等的情况下，交往才能贴心，工作学习才能顺心，生活才能舒心。要做好学生工作，平等是很重要的。现在入学的大学生，大多是 00 后。他们个性张扬，活泼开朗，追求自由和个性，强烈推崇平等关系。这是可喜的，是社会进步的体现。在做学生工作时，要注意这一点，以人为本，以学生为本，让学生们感觉到被尊重被重视。这是每个人处世的基本原则，也是干好学生工作的根本。

大学生的学习和生活需要被管理，但他们需要的更多是被关心、帮助和服务。做学生工作，要晓之以理、动之以情。晓之以理很重要，可以让他们懂道理；而动之以情却更深刻，更能教育人、鼓舞人、塑造人。动之以情，就是要把服务融入学生工作中，为生病的学生服务，为特困生服务，为考研的学生服务，以及为学生就业服务；等等。做好服务工作的基本要求是深刻认识服务工作的政策性强、利害关系突出的特点；努力增强服务意识，端正服务态度，提高服务能力和水平；要把合情、合理、合法三者紧密结合起来，既要热情细致周到，又要坚持原则性和政策性。

### （三）应用科学的工作方法

#### 1. 公平原则

做学生工作，要把握公平原则。公平地处理事情，学生才会口服心服。比如选班干部，必须民主，让大家都有机会，充分体现公平。这样选出来的班干部才在学生中有威信，才

---

① 赵荣，赵静．做好高校学生工作的方法浅析 [J]．时代教育（教育教学版），2010，（01）：99+104+3.

真正有能力，才能团结同学，才能为大家服务，才能协助老师干好工作，并在这些过程中提升他们自己。再比如奖学金、三好学生、优秀学生干部的评定工作要在遵守学校相关规章制度的前提下，既要参照学生的选票，也要根据学生的成绩及平常表现做出公正的决定。助学金的评定，更多的是要考虑学生家庭的贫困程度以及学习态度，让国家的助学金能够资助那些真正贫困的学生并切实发挥作用。总之，班主任要在工作中体现公平，这样工作才好开展，才能为学生创造一个良好的学习和成长环境。

### 2. "法治"

这里的法治指要按规定和大家认可的规矩来办事情，而不是按照个人喜好进行人治。这和公平原则是相辅相成的。学校的规章制度要坚决执行。对于违反学校规章制度的学生，应给予相应的处罚，做到有法必依并严格执法；对于努力学习、弘扬正气以及对学校发展和建设做出努力和贡献的学生应该给予表扬和奖励。除了学校的规章制度外，班级的其他一些合理的规定和办法，也要坚持实施。比如：规定作为班干部，考试成绩必须及格。如果有班干部有成绩没有及格，则必须罢免，重新再选。只有确实做到"法治"，才能为学生创造积极向上的成长氛围。

### 3. 守信

诚信是做人的基础，是人格组成的重要部分。诚实守信不仅指要做到上述的公平和法治，也是指教师个人平时的一言一行。班主任和辅导员与学生接触的机会多时间长，因此他们的人格和行为方式对学生具有潜移默化的影响作用。老师守信，他们会获得学生的尊重；而且，学生也会不自觉地把它当作自己的行为准则来实践。这对学生的健康人格的形成具有重要的作用。

### 4. 营造团结互助的和谐班集体

大学时代的班集体，不同于中学和研究生的班级。由于学生思想的成熟和班级的固定性，学生们会在这一阶段结成深厚的感情和友谊，这会伴随并影响他们一生。因此，学生工作者的任务之一就是班级建设。辅导员要与学生打成一片，做学生的良师益友，多组织并参加班集体活动，多了解学生并化解学生中的矛盾和隔阂，鼓励大家互相学习和帮助，让大家都感受到集体的温暖，努力营造和谐的班集体。这不仅有利于学生的成长，也为学生创造了一笔可贵的精神财富。

学为人师，行为世范，这是对一个人民教师的要求，也是教师们追求的目标。做学生工作的教师，更应该严格要求自己，不仅要具备渊博的知识，还要规范自己的行为，在与学生的接触交往中影响学生，达到积极效果。同样，在这个过程中也可以不断发现自己工作和生活的不足之处，不断学习改进，让自己的知识结构和行为方式更加完善，更好地服务学生工作。

## 二、自媒体时代高校学生工作的模式探析

大学生是无线互联网用户的主要组成部分，每个大学生每天都会使用微博、微信、QQ、直播等一个或多个自媒体软件，这些已经成为大学生主要日常交往方式和获取外界信息的手段。自媒体作为互联网科技发展的新产物，运用到高校学生工作管理中，可以丰富大学生思想政治教育载体。00后已经陆续进入大学，这些学生个性独立，喜欢接触新鲜事物，有自己的想法和主见。作为高校教育工作者，应当结合当代学生的特点，进行引导和教育，创新教学方法和管理手段。目前已经进入自媒体时代，自媒体影响着每一位大学生，所以高校辅导员应紧跟时代，创新工作方法。而自媒体时代的到来，给高校辅导员也注入了不同以往的动力和活力。

### （一）自媒体时代高校学生管理的现状

自媒体时代的到来，在方便人们日常生活的同时也存在一定的弊端。自媒体具有从业人员要求低，而且发布新闻的方法简便易学等特点，致使每个人都可能成为媒体源，发布或转载新闻。大学生的心智还不健全，在浏览新闻时，辨别能力不足，容易被负面消息引导。而这正是自媒体在高校的现状，不利于学生管理工作的执行和学生思想政治教育的进行。这是高校学生教育工作者必须面对的问题，而这也是高校学生管理的机遇。我们应当在自媒体快速发展的基础上，创新工作方法，合理利用自媒体平台，正面引导大学生。[①]

### （二）自媒体时代高校学生管理的特点

#### （1）大学生自主意识强

现代大学生思维活跃、自主性强，传统的管理方法已经不适用。高校学生工作管理者应引导学生利用现有的自媒体平台，建立微信群、公众号等媒体空间，学生可以在自媒体平台上进行自主管理，可以相互交流，发表意见和信息，通过互动讨论性的话题引导学生自主进行思考评价，从而在学生个性化的多维互动中达到有效管理目标。

#### （2）大学生接收的信息复杂

自媒体的低门槛、易操作等特点，使自媒体呈现了大众化的趋势，也因其脱离传统媒体严谨的特点，在制作、传播、吸收的整个过程中，都具有很强的随意性。这种随意性使自媒体脱离了时间和空间的限制。用户还可以自发转载朋友的文章、评论等信息。这给用户提供了属于他们自己的媒体平台，并将话语权授予了他们，所以普通用户关注网络新闻的积极性被激发了出来。这样大学生就可以通过自媒体看到海量的信息，这些信息多而杂，容易被不法分子或国外敌对分子利用，误导大学生的思想和言论。

① 高建邦，钱宇航，黄景鹏．自媒体时代下高校学生工作方法研究 [J]．东西南北，2019 (10)：195．

### （三）自媒体时代高校辅导员面临的挑战

（1）辅导员话语权逐渐减少

对于高校学生管理基层工作者辅导员而言，和学生日常交流和管理中的话语权能够帮助其及时了解学生的思想动态和日常生活状态。在传统的学生管理工作中，辅导员与学生之间是稳定的辅导员为主的沟通方式。但是在高校自媒体环境下，学生关注的问题多而杂，接收信息的渠道也越来越多。并且在自媒体环境下，校外企业运营的自媒体平台是以利益为目标的，所以基于他们自媒体平台的话语体系是以学生为核心进行建构，学生占据了主动地位。

（2）舆论导向不受控制。

自媒体平台有开放性与包容性的特征，自媒体蓬勃发展的同时，容易滋生负面的舆论导向，不利于对学生的管理，而且这种舆论导向具有很强的不确定性。由于大学生的社会阅历较浅，心智不成熟，遇事极易冲动，因此很容易受到舆论的影响。

（3）传播主体多元化导致辅导员工作不可控

自媒体的低门槛、易操作等特点，使自媒体呈现了大众化的趋势，加剧了信息传播的随意性，而这种随意性导致了媒体源的不确定性，任何人都是媒体源，无法通过正规的方式对其进行限定。

### （四）高校辅导员创新学生工作管理的办法

（1）多方位打造学生管理网络，增强自媒体平台的话语能力

自媒体已经深入每个大学生的日常生活中，QQ、微信等自媒体平台是大学生日常社交的常用软件，高校学生管理工作者也经常使用这些软件进行消息发布。然而这些自媒体平台都是以营利为目的的，是以学生为中心的，会故意制造一些低俗的信息吸引学生。而一些软件是高校自己的自媒体平台，是高校可控的，是培养大学生成长成才的软件，所以我们必须在学生中大力推广，加强老师在自媒体平台的话语能力。

（2）利用自媒体平台简化传统管理工作

对高校学生管理工作者来说，学生的日常工作是烦琐的，极大地耗费了辅导员的时间。我们应该利用自媒体平台简化传统管理工作，让学生自主地在自媒体平台上完成周末晚点名、就业信息登记等工作。

（3）利用自媒体平台加强网络思想政治教育工作

一是培养学生群体中的意见领袖。意见领袖的意见在思想上和大学生更容易产生共鸣。二是可以促进大学生独立思考，引导学生自觉抵制网络中的负面影响。三是鼓励学生通过自媒体平台进行思想交流。

在自媒体时代，信息得到了共享，同时也给高校学生提供了一个自主学习的方式和途

径。但是，高校教育工作者要承担立德树人的教育责任，结合自媒体本身的特点创新工作方法，教育学生合理运用自媒体网络，为良好的校园信息传媒环境贡献自己的力量。

## 第三节　新时期高校学生工作的队伍建设

### 一、学生工作队伍的现状

#### （一）自我认知不清，职业环境认识不透

大多数的学生工作者能够认识到自己工作中存在的某些方面的问题，但很多学生工作者并不能清楚地认识"职业价值观"这类深层次的问题，往往对职业环境认识得不够透彻。因为工作经验和工作年限的不同，学生工作者对自我的认知有很大的差异，工作年限较长、年龄较大者对职业价值观的认识还是比较充分，他们往往在多年的工作经验中总结出自己的职业认知；但是刚参加工作的学生工作者，大多数人关于职业价值观的自我认知并不明确。总体来看，高校学生工作者对于自我的认知还是模糊不清，不够明确和深入，这往往使得其不能全身心地投入学生工作中去，并且很多学生工作者对于自身学习发展的目标前景、参加培训和进修的机会、晋升和调迁的途径、奖惩标准、职称评定的政策等职业环境，认识并不透彻，因此工作积极性往往没有很好地被激发。

导致这一现象发生的原因，首先是部分学生工作者在刚开始选择职业时，并未经过深思熟虑，没有全面地分析自己的职业爱好和专业特长，而是单纯地将进入高校做学生工作作为职业发展的跳板，或是通过做学生工作来追求深造，这导致部分学生工作者在较短时间内就流向其他工作岗位，从而影响学生工作的稳定性。其次是很多高校作为组织管理者，将工作重点放在教学和就业率上，在强调学生全面发展的同时忽略了学生工作者的素质发展，不重视建立健全学生工作者培养和晋升的制度体系，使得学生工作者对职业环境的了解比较匮乏，不能及时了解到其发展所需要的信息和渠道，致使学生工作者信息接收滞后。[①]

#### （二）职业目标不明确，缺乏发展动力

经过调查发现，近半数的学生工作者有比较明确的职业目标，而大多数学生工作者在工作遇到瓶颈时，不重视信息反馈，不能主动地与同事和上级及时沟通，向他们反映自己的缺点和发展需求。由此可见，有些学生工作者因为职业目标不明确，对自己未来的职业发展缺乏规划，致使在工作中缺乏发展的动力，对自我素质发展的要求较低，从而职业能力和素质提升较慢。

---

① 耿辉建.新时期背景下高校学生工作探索 [M].石家庄：河北人民出版社，2015.

高校学生工作者的工作具有特殊性，教育事业需要不断引入新鲜血液，因此学生工作者在岗位上的工作年限都比较短，很少有学生工作者能在这一岗位工作超过 10 年，而且很多人认为学生工作是年轻人从事的职业。较多的学生工作者只是把做学生工作当成职业发展的跳板，看成是自己职业生涯的一个过渡阶段，一有机会就尽力转型为高校行政部门人员、专职教师或公务员。当前阶段，高校体制改革还没有完善，各高校的很多政策得不到贯彻落实，实际操作与目标发展不一致，导致学生工作者对于学生工作专业化的建设缺乏动力。

### （三）职业评价较低，存在倦怠现象

较多的学生工作者对于自身工作的绩效满意度较低，这种不满意的情绪来源于不同方面，有的人不满意自身的工作条件、工作环境和待遇，不能在工作中达到自身的追求，常常产生懈怠情绪；有的人工作计划与家庭问题相冲突，不能够全身心地投入学生管理工作。通过对学生工作者进行调查和访谈，以及对他们的工作现状深入地了解，发现学生工作者队伍存在着其特有的职业倦怠和困惑现象。从事学生工作 5 年以下的人员，由于他们刚刚从事学生工作，经验相对缺乏，正处于适应职业环境和职业能力提高的阶段，在工作中往往有着创造性和积极性，出现倦怠情绪的情况相对比较少。但是从事工作 5 年以上乃至 10 年的人员，普遍会存在倦怠情绪，他们在多年的学生工作中积聚了很多经验，有适合自己的工作方法，对于工作环境较为熟悉，能够很好地胜任工作，但与此同时也产生了很多消极的情绪，比如对于新鲜资讯了解相对匮乏、很难在职称上有所提升、工作中缺乏新鲜和挑战；等等，这些因素使这部分学生工作者的工作热情降低、职业认同感受创，对自身的职业发展缺乏准确认知。并且这部分学生工作者大多已婚育，家庭方面也需要工作者投入许多的时间和精力，二者在时间上有时会发生冲突，烦琐的学生工作往往会给工作者带来烦躁情绪。

### （四）科研能力较低，发展空间受限

高校学生工作者将大部分时间精力都投入学生工作中，都注重对于学生素质的培养，导致其没有时间进行科学研究，科研能力较低，限制了个人未来的发展空间。由于大学的职称评定要求较高，使得职称晋升难是很多学生工作者不得不面对的现实，这使他们成为"高校边缘人"，职业认同感受创，有的人不愿接受平淡的讲师生涯，选择流向其他工作岗位，这造成学生工作者队伍建设波动性较大，学生工作发展不稳定。

## 二、新时期学生工作队伍的时代要求

### （一）高校学生工作者要具有较高的思想政治理论素养

高校的学生思想政治工作，具有理论性强、政策性强的特点，尤其在当前社会思想多元化的情况下，思想政治工作往往是一项极其复杂困难的工作。这要求高校学生工作者必

须具备较高的思想政治理论素养，具有较高的政治觉悟，有正确的价值信仰，坚持中国特色社会主义理论的指导，要能够全面领会并正确把握党的教育方针和路线，只有这样才能帮助学生认清真善美和假恶丑，引导学生树立正确的世界观、人生观和价值观，才能推动高校学生工作队伍专业化的建设和和谐校园文化的建设。

学生工作的专业化对思想政治理论工作的水平提出了更高要求，要求学生工作者坚持做到学习科学文化与加强思想修养的统一，坚持学习书本知识与投入社会实践的统一，坚持实现自身价值和服务社会的统一，既要学好党的基本理论，又要学好党的路线、方针和政策，做到自觉贯彻落实党的政策方针；既要学习理论原著，又要做到将理论运用到实践中，进行相关的理论研究。通过一系列系统的学习，提升自身思想政治理论水平，并将学习成果应用于工作实践当中。

### （二）高校学生工作者要掌握思想政治教育工作的基本规律

性格往往决定一个人的命运，而性格是通过人的习惯形成的，一个人的日常行为久而久之就会形成习惯，而这一切最终都归结于人的思想，这就说明了思想政治教育对于人的发展的重要性。在思想的引领方面，要加强对高校学生的思想教育，深入贯彻"以人为本"的理念，着眼于发展提升并升华学生的思想认识；在行为的指导方面，要在尊重学生个性发展的基础上用思想引领行为，要加强对学生的日常管理，以先进的思想来武装大学生的头脑，并且锻炼学生进行自我教育、自我管理、自我服务，即所谓的"三自"；在习惯的养成方面，要在日常生活中对学生进行监督和督促，及时发现学生的不良习惯，将思想政治教育融入大学生学习生活中去，加强学生良好习惯的养成；在性格的培养方面，要运用思想教育的渗透作用促使良好性格的培养，要全面了解学生的个性特征，对不同性格的学生采用不同的教育方式。学生工作者应熟练掌握思想政治教育的流程，及时把握学生的发展动态，在各个阶段有效地帮助学生。

### （三）高校学生工作者要紧跟时代的发展

随着互联网和新传媒技术的发展和普及，学生获取信息的源头不断增多，网络已经成为社会思想文化的集散地，学生的信息量不断加大。为了对学生进行良好的思想政治教育，高校学生工作者必须紧跟时代发展的需要，应该熟练掌握新技术、新媒介，与时俱进地把握学生的思想动态，拓展与学生沟通的平台，及时把握大学生群体的最新诉求，深入学生学习生活的方方面面，不断地发现并解决学生行为、心理等多方面的问题，及时采取各项有效的应对措施，因材施教地对学生进行思想引导。

### （四）高校学生工作者应具有某项特长

高校教育体制改革的不断深入，使得学生工作复杂性加大，对学生工作者的工作要求也不断提高，学生工作者应具有思想政治教育、科学研究指导、就业创业指导等多方面的知识，努力推动学生工作专业化、科学化、职业化水平发展，这样才能胜任新形势下的高校学生工作。但在实践中往往会发现，学生工作者们的日常管理工作较为繁忙，没有时间去深入地进行职业的拓展和专业素质的提升，在这种情况下，学生工作者们应找准重点、找出疑点、抓住难点，分析自己工作的实际情况，对自己的职业发展进行明确的规划，深入学习并和实践结合起来，逐步形成自己的工作理论体系，使自己具有某项特长，这样才能提高自己的专业水准，最终更好地为学生服务为社会服务。

### （五）高校学生工作者应把握价值观形成的基本过程

青年大学生正处在人生观、价值观形成的关键期，在社会思想文化日趋多元多变的态势下，做好学生工作就要掌握价值观形成的基本过程。而价值观受内心体验的影响，是社会主义意识形态的本质体现，从深层次来说价值观的形成受成长环境的影响。这就需要父母的呵护与培养、老师的教育与引导、同学朋友的帮助关爱、领导上级的关心爱护、社会价值的认可、人生追求的引导。学生工作人员要针对学生的不同情况进行关心和引导，及时发现学生成长过程中存在的问题，以此帮助学生提升正能量，引导他们形成正确的价值观，帮助他们树立正确的人生信仰。

## 三、新时期学生工作队伍的建设策略

### （一）用制度加科技加强学生"三自"工作，减少繁杂的事务性管理工作

管理是为了实现预期的目标，以人为中心进行的协调活动，学生工作人员要加强学生的管理工作，要做到"三个知道一个跟上"，即知道在哪里、知道做什么、知道想什么，思想教育要跟上。要努力通过规范各项学生工作以及学生干部工作考核制度、班级评比制度等，将学生管理工作制度化、常态化，避免简单的日常管理工作重复进行，充分运用现代互联网技术等手段加强学生自我教育、自我管理与自我服务，比如可以用电子签到系统进行早操、课堂、住宿等管理，通过刷卡、远程监控等进行自习管理、讲座宣传等管理，有效促进学生加强自觉意识，逐步加强他们的自控能力，提升大学生的综合素质和工作能力、就业竞争力，形成良性循环。同时减轻学生工作人员的繁重日常事务性工作，将时间和精力用于学生工作队伍的建设上，加强学生思想工作的研究与思考，在完善自身素质的同时加强对学生的全面教育。

### （二）用沟通和感化强化学生思想引领工作，注重学生心灵成长工作的深入开展

每一名辅导员都应做到敬业爱岗，始终本着为学生服务的教育理念，干一行，爱一行，全身心地投入学生工作中，增强事业心和责任意识，提倡奉献精神。要深入学生学习生活的方方面面，认真做到"三走进"（走进课堂、走进寝室、走进心灵）、"三贴近"（贴近实际、贴近基层、贴近学生）、"三融入"（融入生活、融入活动、融入网络），积极与学生进行沟通，及时了解他们学习生活上遇到的各种问题，尊重学生的价值观念和个性表达，真正倾听学生的心声，将工作真正落到实处。要坚持做到深入课堂，了解学生的学

习状态和质量,多与任课老师进行沟通;深入寝室,了解学生的生活状态与困难,帮助他们养成良好的生活习惯;深入网络,了解学生的思想困惑与误区,避免学生沉溺于虚拟世界。寓教于管理之中,将制度管理和柔性管理有机结合在一起,将管理变成沟通、关心学生的桥梁,避免"三对立"(思想对立、语言对立、行为对立)、"三抱怨"(抱怨教学、抱怨工作、抱怨生活)、"三逆反"(心理逆反、情绪逆反、行为逆反)等不良现象的产生,积极引导学生健康成长。

### (三)用教学和科研促进自身学习创新工作,提高学生工作的专业化水平

现在社会发展对大学生的要求越来越高,学生的发展需求也越来越强烈,学生工作人员应加强对大学生思想政治教育、职业生涯规划、心理健康辅导、就业指导等知识的专业化学习。一方面,要加强自学,提升学习自觉性,激发创造性,努力学习相关理论知识并与实践相结合,形成自己的理论体系,积极进行科学研究,了解社会发展新形势;另一方面,积极参与到"职业生涯规划""学生就业指导"等相关课程的教学工作中,在教学过程中发现自己的不足,并积极向其他工作者学习,积累经验,通过备课促进进一步的学习,及时了解学生的信息反馈、听取学生意见,在教学互动中完善自己的教学方法。此外,还应更多争取、创造关于就业、创业、职业生涯规划、心理咨询、思想教育、党政建设等方面的学习、考察机会,积极走出学校以拓宽视野,了解相关知识的发展方向与现状。

### (四)用考察与交流开阔学生工作的视野,紧跟学生工作的时代步伐

随着世界一体化、全球化发展,互联网和新传媒技术的发展和普及,使得学生信息量加大,各种思想碰撞、价值观融合,学生层次明显多样化,这些都使得学生工作越来越复杂,对学生工作人员的要求也越来越高。学生工作人员必须紧跟时代的步伐,了解时代发展动态,熟练掌握各种思想与技术,不断学习与创新工作理念和手段,拓展工作渠道,推动队伍专业化发展。这需要学生工作者不断通过考察和交流学生工作,在实践中不断积累工作经验,加强对学生工作的学习与创新,贯彻以人为本的教育理念,有针对性地开展学生工作,有意识地使自己成为专业化辅导员,促进学生全面发展。

### (五)促进高校辅导员职业发展的对策

#### 1. 高校辅导员个人要加强自我教育和自我提升

首先,要正确认识自己,对自己进行准确定位,提升职业认同感。要学会准确进行自我定位,避免出现重复性、低层次的工作,同时提高对辅导员职业的认同感,了解自己的职业价值,将个人价值和社会价值结合起来,全身心地投入学生工作中,在工作过程中遇到困难时保持清晰头脑,提升自信度,获得发展的动力。

其次,要根据自己的素质水平合理设定职业目标,提高工作能力,追求职业发展。处于职业早期的辅导员根据自身情况和职业环境,适当调整和明确自己的职业生涯发展目标,

提升职业发展能力，并根据具体情况，制定现实性、可行性的职业目标，可将职业发展目标适当分成短期和长期目标。

最后，要善于反思和创新，树立终身学习理念。高校辅导员面临的工作往往随社会发展而变化，高校辅导员要树立终身学习的理念，积极从书本和生活中学习各种理论和实践知识，通过发现并改进不足来完善知识体系，在实践过程中不断反思总结自己的工作经验，吸取别人的优秀经验，提高自我学习能力，增强创新能力，在工作方式、管理理念、管理方式、学生的沟通交流方式等方面不断进行创新，有效利用各种教育资源，切实帮助学生解决实际问题，引导学生成为一名合格的社会主义建设者。

## 2. 高校要建立和健全辅导员职业发展保障机制

首先，要健全辅导员职业引导机制。一是对辅导员的自我认识进行评估，帮助辅导员进一步了解自己。可以通过向辅导员介绍有关自我认识的各种职业测评软件、开设职业生涯规划培训班等方式系统地为辅导员提供自我评估的方法，同时也可以引导辅导员互相评价，帮助辅导员进行自我分析和自我定位。二是帮助辅导员进行职业环境考察与分析。可以通过会议、讲座等适时传达国家对于辅导员队伍建设的各项政策和发展前景，同时向他们展示现在学校学生工作队伍建设的现状，也可通过设立专门宣传网站、设计辅导员工作宣传册等方式对学校的发展规划、职位需求、职称评定标准等信息进行及时的传递，帮助辅导员对职业环境有更为全面深入的了解。三是帮助评估辅导员的职业发展目标和策略。在辅导员制定职业目标后，要分析他们职业目标的可行性，要根据辅导员制定的目标和战略以及他们的实际情况，有针对性地安排他们进行培训、挂职、轮岗和学历提升等，推动辅导员如期达成自己的职业发展目标，激发辅导员的工作积极性。

其次，完善辅导员评价和考核制度。辅导员的考核和评价要建立一套科学合理的评价体系，要从辅导员的工作态度、工作方式、工作能力、工作绩效、学生评价等方面详细描述要求，明确考核评价标准，坚持定性和定量相结合的方式，通过上级领导、同事、学生和辅导员自身来进行全方位、多角度的评估，并将评估考核的结果和辅导员的工作津贴、职称评聘、职务晋升等直接挂钩，奖励那些考核优秀的辅导员并在职称评审、职务晋升等方面给予优先考虑。通过考核评价的方式来推动辅导员素质的提升，激发他们的创造性，促进辅导员队伍的良好发展。

最后，拓宽辅导员职业发展通道。高校要充分理解他们的内心需求，尊重他们的价值选择，对辅导员的职业发展提供职务、职级、职称三重发展模式。对于工作经验、工作年限、工作绩效等达到晋级标准的要予以晋级机会，享受相应的副科、正科、副处、正处级待遇；对于工作优秀且适合担任领导干部的，应按照公开招聘、平等竞争、择优聘任的原则进行提拔和聘用。同时给辅导员设定专门的辅导员职称评定标准，考虑到管理事务的繁重适当降低科研能力和科研数量的要求，增加思政教育、心理教育等实践能力的比例，加大学生评价的比例，使得辅导员也能够走助教—讲师—副教授—教授的阶梯发展道路，通过合理的评价考核激发辅导员队伍的整体创造力，以促进整个辅导员队伍的良性发展。

# 第三章 高校学生工作的科学发展

## 第一节 高校学生工作的科学发展理念

### 一、高校学生工作理念概述

#### （一）高校理念概念探析

哈罗德·珀金（Harold Perkin）曾提出：一个人如果不理解过去不同时代和地点存在的高校理念，他就不能真正理解现代大学。所以，我们要深入研究高校理念的发展渊源，详细阐述和论证不同视角下大学理念是如何开展的。

中世纪时期的大学孕育了"高校理念"并详尽地诠释着它的内在意义。"大学是探寻普遍知识并把它传递给更多的人的场所，也是学者们探寻知识奥秘、碰撞智慧火花的场所"，是"大学理念"所强调的内容。

大学理念有着上千年的发展史，大学理念随着社会发展不断演化。如果大学的时期、类型不同，就可能产生不同的高校理念。另外，教育学者所处时代、国家、流派不同，也会对高校理念有不同的理解。与此同时，国外的教育学家们在教育理念上，大多追求通过某一具体的观念来证实自己个性化大学理念，从而引导大学的发展，这是一种"神似"。国内的一些专家学者热衷于追求那些同质化的理念形式，是一种"形似"。

高校理念是对高校这个主体的基本看法和理性认识，主要包含高校定型理念、高校定位理念、高校定能理念等。高校理念是其内部管理运营的哲学基石，人们从精神、性质、功能、使命等方面认识高校，进一步了解高校与各外部因素之间的关系状况。

简单来说，高校理念就是该校校长办学的指导思想和方针，以及人们想要的高校是什么样子的。其中，韩延明先生对高校的界定成为认可度最高、引用最多的观点，"高校理念"就是人们对多学科、全日制的普通综合性高校的理性认识、追求向往以及其形成的教育观点、哲学态度。理性认识包括高校的含义、使命、宗旨、职能等内容，是对"高校是什么""高校能做什么"的基本思考和看法；追求向往主要包括高校的理想、信念、精神、责任、目标、走向等内容，是对高校应该是什么"高校应该做什么"的构思和展望；教育观点和哲学态度包括高校的发展观、改革观、质量观、价值观等内容，是对"学校应坚持什么""学校要把握什么"的思索，是高校教育改革的理论基础、指导思想、基本原则。

近年来，即便一些专家学者对"高校理念进行了较为全面系统的界定，但仍存在不足：只追求同质化的概念与细节，无法对高校理念有创造性的认知；陷入某一高校范畴的怪圈，无法对高校理念有一个全面认识。

### （二）学生工作概念界定

高校学生工作伴随着社会经济、政治、文化的日益发展而不断变化，并一直贯穿于中华人民共和国高等教育发展之中。我国学生政治工作孕育了高校学生工作，当时的学生工作也仅限于帮助学生政治学习、举办学生政治工作。学生工作在中华人民共和国成立初期没有独立的地位，它只是学校政治工作的一部分。

改革开放以来，我国的高校学生工作发展迅速，逐渐有了相对独立的地位。随着政治、经济、文化的迅猛发展，近年来的高等教育事业不断深化改革，高校学生工作发生了重大变化，工作重心转向对学生思想政治的教育、引导以及对事务的有机管理。由于学生工作职能不断延伸，工作范围随之扩大，之前那些被忽视的学生事务逐渐显现，格外引人注目，比如学生心理咨询、经济资助、恋爱咨询、就业指导等。学生工作的内涵更为广泛，在强调教育、规范、管控学生的基础上，也要注重对学生的指导和服务工作。

### （三）高校学生工作理念的科学内涵及其特点

经过分析比较，可以将学生工作理念大致分为三类。

第一，学生工作定性理念，是指学生理念应是什么的回答，是理念持有者对学生工作期盼的主观愿望。

第二，学生工作的定位理念，规定了学生工作应承担的责任，也对学生工作发展做了定位。

第三，学校工作的定能理念，是指去判断人们在学生工作中是否具有价值。

通过对学生工作理念概念的分析与界定，我们可以看出，高校学生工作理念具有如下特点：

### 1. 学生工作理念是一种指导思想

学生工作理念深刻地反映了教育教学和人才培养的价值选择，是学生工作设计的基本指导思想，规范着学生工作的各种行为。学生工作理念是高校学生工作的指南，是极为重要的部分，它要回答的核心问题是全体教育工作者在怎样的科学思想引导下，需要做什么、怎么做。

### 2. 学生工作理念蕴含着改革与发展的思想

学生工作理念是对学生工作教育与管理的客观现实的理论定式，并不只反映客观事实，它能够推动学生工作的改革与发展，并为学生工作设定方向与目标。学生工作理念实现的同时学生工作也将迈向下一阶段。学生工作理念源于实践又要高于实践，在顺应时代发展潮流时，要不断丰富其内涵，切忌停滞不前，原地徘徊。客观反映和总结高校任务完成的基本情况是学生工作理念的本质。它是对学生工作本质关系、价值方向、基本规律的抽象概括，并不只是对学生工作管理的简单概述。学生工作理念将会指导高校学生工作的思路、价值判断和目标实现。

## 二、高校学生工作创新理念的时代价值

### （一）高校学生工作在国家建设中具有重要的地位和作用

实践证明，受过高等教育、掌握现代科学技术的人，才能掌握现代化的生产手段。如果不能运用先进的科学技术，无法实现现代化的科学管理，当然也就谈不上建设现代化的强国了。高等教育在国家建设中的地位和作用具体体现在经济功能、政治功能、文化功能、科学研究功能等功能上。科学地管理高等教育是发挥高等教育之社会功能的关键所在。

### （二）高等教育系统的矛盾关系使高校学生工作的协调成为必需

矛盾的协调和解决是高等教育系统存在和发展的前提。社会对高等教育系统的资源投入总是有限的。高等教育资源的有限性制约着高等教育系统内部的一切活动。对高等教育系统来说，个人与个人之间、个人与整体之间，以及系统与环境之间的矛盾构成了高等教育系统的矛盾运动系列。为了解决这三类矛盾，需要增加对高等教育系统的投资，加强其科学管理，通过管理活动，充分调动系统内外人员的积极性，妥善协调高等教育系统内外的各种关系，最大限度地发挥高等教育投资的效益，实现高等教育的目标。

# 第二节　高校学生工作系统化顶层设计

高校学生工作的实质就是做大学生的思想政治教育工作。从国家层面来讲，大学生的思想政治教育工作关乎国家的前途命运和民族的命运，事关科教兴国战略和人才强国战略能否顺利实现。从高校来讲，大学生的思想政治教育工作关乎大学生成长的命运，关乎高校人才培养的质量和社会对高校办学声誉的评价。因此，高校学生工作的顶层设计在整个学生管理系统中居于指导地位、核心地位，它是学生管理工作系统的灵魂与指针。

高校学生工作作为一种特殊的育人管理机构，有其自身的独立性，整个管理流程处于

系统化的运行机制中。为此，高校学生工作应结合自身实际，构建一套系统化的顶层设计，以实现学生工作科学发展。

## 一、高校学生思想政治教育的理论指导

### （一）历史新时期的社会主义核心价值观建设

实现中华民族伟大复兴，是近代以来中国人民最伟大的梦想，我们称之为"中国梦"其基本内涵是实现国家富强、民族振兴、人民幸福。无疑，国家富强、民族振兴、人民幸福和社会主义核心价值观所倡导的价值取向具有高度的一致性，社会主义核心价值观从国家、社会、个人三个层面提出了要求，正是我们实现中国梦的价值导向和价值引领。中国梦承载着厚重的价值意蕴，社会主义核心价值观囊括的价值追求描绘出伟大梦想的总体风貌。借以"三个倡导"为主要内容和重要依托，社会主义核心价值观的价值取向更为鲜明，实现中国梦的价值目标更为凸显。发轫于此，两者的价值追求与实践选择在新的高度实现了统一。

中国梦是国家富强之梦，需要从国家层面和战略高度提供与之相适应的价值理念作为支撑。社会主义核心价值观大力倡导"富强、民主、文明、和谐"，能够在新的历史起点上，深入贯彻党在社会主义初级阶段的基本理论、基本路线、基本纲领，能够清晰描绘当代中国未来发展轨迹。这不仅是坚持和发展中国特色社会主义的内在要求，也是国家层面的价值目标与国家富强之梦的内在统一，充分反映出社会主义核心价值观与实现中国梦的深度融合。

中国梦是民族振兴之梦，需要塑造全社会共同价值追求与之相衔接并形成整体价值目标。社会主义核心价值观大力倡导"自由、平等、公正、法治"，着力于持久推动社会主义和谐社会建设，明确政策制度、法律法规、社会治理的基本要求，形成人们日常生产生活的基本遵循，充分激活社会发展的内生动力，增强人们的认同感和归属感，积聚实现中华民族伟大复兴的源源动力。用"自由、平等、公正、法治"来充实民族振兴之梦，既是社会主义核心价值观融入社会生活的集中体现，也是以中国梦推动民族振兴和社会发展的真实写照。

中国梦是人民幸福之梦，需要确立公民道德价值与之相匹配并完善社会基本道德准则。社会主义核心价值观大力倡导"爱国、敬业、诚信、友善"，致力于推进社会主义道德评价体系建设，完善社会公德、职业道德、家庭美德、个人品德的基本内容，树立道德底线意识和道德行为标杆，明确个人层面的价值准则，释放公民道德建设正能量，从而构建起实现中国梦的精神领地。用"爱国、敬业、诚信、友善"来打开人民幸福之梦，不仅追寻着中华民族世代相传的崇高道德境界，而且促进了中国梦与建设社会主义精神家园的有机融合。

### （二）优秀中华传统文化为根基

#### 1.传统文化的内涵

中华传统文化就是指中华民族在进入现代社会以前的长期历史发展中形成的传统文化。它是对人们的思想行为起着规范作用的观念、价值和知识体系，是在中国历史上具有一定稳定结构的共同精神、心理状态、思维方式、价值取向。文化和传统两者是紧密相连、不可分割的，离开文化就不知道从何处去寻找传统；没有传统，也就不能形成特有的民族文化，在这里主要讲的是过去的文化，也就是传统文化，即为历代存在过的种种物质的、制度的和精神的文化实体和文化意识。比如一个民族的生活习俗、文章诗赋、传统观念等，这也就是通常所说的文化遗产。文化的时代性和民族性在传统文化身上得到了明显的体现，各个不同的时代、各个不同的民族都形成了自己特有的传统文化。

#### 2.中国传统文化的鲜明特色

（1）务实性。中国自古以来是农业大国，亿万从事农业生产的农民构成中国社会的国民主体。农民长期的"一份耕耘一份收获"的农耕实践影响到国民性格的形成，养成了脚踏实地的求真务实精神。孔子主张"学而时习之""每事问""知之为知之，不知为不知"，这是求真务实精神在学习方法和学习态度上的反映。老子认为"知人者智，自知者明"，庄子主张"析万物之理"，这是道家对人对事的求真务实精神的具体反映。中国传统史学坚持"不为亲者讳，不为尊者讳"，不畏权势、秉笔直书的传统，也是中国传统文化求真务实精神的体现。中国古典文学中一以贯之的现实主义传统，也与中国人立足现实、求真务实的精神密不可分。可见，求真务实精神在民族性格心理中已打下了深深的烙印。中国人的性格朴实无华，立身行事讲究脚踏实地、循序渐进，鄙视华而不实的作风，这种实事求是的精神是中国传统文化精神和中华民族素质中优秀的一面，曾引导中国人在世界古代文明中创造了辉煌的农业文明和世界上最辉煌的中古文化。但是也必须看到，在这种求真务实精神中，也包含着某些消极的因素：传统文化中求真务实精神的经济基础是小农经济的简单再生产，它往往以经验主义为基础，偏重实惠和眼前功利，忽略精密严谨的思维，这种"实用—经验理性"，使中国人不太注重纯科学性的思考，扼制了中国人对自然奥秘的好奇心和对自然科学的研究愿望。中国传统文化求真务实精神的短视特点和思维的偏向，是小农经济局限性的必然反映和结果，是造成近代中国科技文化落后的主要原因之一。

（2）伦理性。伦理道德是中国文化的精髓与根本，也是中华传统文化异于其他各国文化的地方。伦理道德是指人们在社会生活中的行为规范，它在调解人与人之间的关系、实现人的价值方面具有极其重要的作用。人类社会要和谐，各民族要和睦相处，无一不需要道德的力量来支持。中华传统文化关于道德的论述涵盖了人类生活的方方面面，全面而透彻。从中国哲学的"天命无常，唯德是辅"和中国古代史学的"寓褒贬，别善恶"，到中国古代文学的"文以载道"和中国古代教育的"教之道，德为先"，中华传统文化处处闪耀着伦理道德思想的光芒。

崇尚伦理道德是中国封建社会调和人际关系的准则，更是维系整个社会大厦的精神支柱，以人为本的伦理道德受到历朝统治者大力倡导，也得到民众的重视。伦理道德在中国威力强大和影响深远，是其他民族文化所不能比拟的。伦理道德渗透于整个中国社会方方面面，中国文化的伦理道德正是为适应家国一体的宗法社会需要而形成。宗法制社会结构以血缘为宗法组织的基石，家族或宗族的存在与巩固，离不开以血缘关系为纽带的长幼尊卑秩序。传统伦理道德的一个重要功能就是维护这种尊卑秩序，以家庭为本位的宗法集体主义文化使家族走向国家，以血缘纽带维系奴隶制度或封建制度，形成一种"家国同构""家国一体"的体制格局。

关于道德修养，中国文化强调"厚德载物"，即以宽厚之德包容万物。中国文化是对道德问题阐述最全面、最透彻的人类文化，其思想涉及人类道德的方方面面。倡导博爱精神。从孔子的"人不独亲其亲，不独子其子，使老有所终，壮有所用，幼有所长，矜寡孤独废疾者皆有所养"，到孟子的"老吾老，以及人之老；幼吾幼，以及人之幼"，都是这一思想的体现。倡导"节欲""制欲"，克制自己的欲望。关于人的物欲与情欲，古代先哲们有比较多、比较深透的论述。孔子说："富与贵，是人之所欲也""贫与贱，是人之所恶也"。荀子认为，人性"生而好利"，因为好利而不可避免地要争斗，"争则乱，乱则穷"。这就需要节欲，无欲则刚。孔子提倡的安贫乐道就是典型的"节欲"思想。

关于为人处世，中国文化论述得很深透。首先，强调人与人之间要相互关爱，即孔子所说的"仁者爱人"。在孔子看来，"人而不仁，如礼何？人而不仁，如乐何？"其次，强调换位思考，倡导设身处地替别人着想。孔子说："己所不欲，勿施于人""己欲立而立人，己欲达而达人"。一个人如果能够做到推己及人、将心比心，就会爱己及人。"仁者爱人"是社会稳定、人际和谐的道德基础，而换位思考是实现"仁者爱人"的催化剂。

伦理道德思想是中国文化的核心与精髓，因此，人们常常以"仁、义、礼、智、信"作为中国文化的代名词。所谓"仁"，就是以慈善之心对待他人，其核心就是关爱、呵护与尊重。唐太宗仁德布于四海，就是对仁的最好阐释。所谓"义"，主要是指人的行为要合乎道义。古人讲"舍生取义"，是指为了道义可以献出生命。如关羽的"义薄云天"就是对义的最好解释。所谓"礼"，是指对别人的尊重，以及人的行为准则和规范。所谓"智"，是指通晓天地之道、深明人世之理的才能，也就是知。所谓"信"，是指人的言论应当是诚实的、真实的，不虚伪。这五个方面是对人在德才方面的基本要求。总起来讲，中国文化关于伦理道德的论述十分系统和完备，其中尤以"仁、义、礼、智、信"五种最基本的道德规范影响最为深远，备受世界各国道德学家所推崇。

（3）人文性。中华传统文化的人文性，是中华传统文化绵延数千年而依然充满活力的重要因素。中华传统文化主要以思考人自身的存在为出发点，以人为中心，天地人合而为一。可以说，人文性的特征造就了中华传统文化。相对于世界上其他民族来说，中华民族是摆脱神学束缚最早的民族。因此，中华文化闪耀着熠熠生辉的人文精神。

中华传统文化的人文性首先表现在强调人与自然和谐相处的"天人合一"观念。自古以来，中国都是以农为本、"靠天吃饭"。人以土为本、以水为命，顺天时，因地利，靠人和，这是中国农业文化的特点。人与自然和谐相处，是人类文明顺利发展的基石。强调人与自然和谐相处的"天人合一"思想，是中华文明的精髓。这种思想既是中国传统文化的基本精神，也是中国古典哲学的核心。它在中华文明的起源、形成和发展过程中，具有重要意义。

其次表现为重人生、轻鬼神的思想。同世界上其他任何一个民族一样，在中国远古时期，也产生过对天命鬼神的崇拜。但在殷周之际，中国开始产生疑"天"思潮以及"敬德保民"的思想观念。周统治者通过对殷王朝灭亡的教训的总结看到，"民心"比"天命"重要，而要得到"民心"，就要施行"德政"。因此，他们提出了"敬德保民"的思想。可见，周人对天人关系，不再像殷人那样完全听命于天，而是在天神思想笼罩下，尽人事以待天命。而到春秋时期，子产就说过："天道远，人道迩。"孔子曾教导他的弟子说："敬鬼神而远之，可谓知矣。"又说"未知生，焉知死""未能事人，焉能事鬼"。所以孔子自己"不语怪、力、乱、神"。

中国文化一贯注重现世的人生、真实生命的价值。人一直居于核心地位，而神的地位不能与人相比。这种重现世人生，排斥、轻视鬼神的思想，促进了中国文化的发展。

### 3. 传统文化与社会主义核心价值观的关系

中华文明绵延数千年，有其独特的价值体系。我们提倡和弘扬社会主义核心价值，必须从中汲取丰富营养，否则就不会有生命力和影响力。总体来看，中华优秀传统文化与社会主义核心价值观一脉相承，即它为社会主义核心价值观的建设提供来自传统的价值力量。

（1）中华传统文化为人们提供精神慰藉。一个民族如果没有共同的价值期待和精神归依的处所，它的人民就会陷于精神流浪的窘境。它或者被其他民族所同化，或者很快就淹没在历史的长河中，变成一堆瓦砾、一片荒冢。民族文化正像人的家园一样，是生于斯、长于斯的人共同的守护，为他们提供安宁、温暖和慰藉。

精神文明建设最主要的任务就是为社会公民营造一个可以信赖的精神家园，在其中，人们可以相互托付。中华传统文化非常重视这个精神的守护，它有着所有人都可以追求的精神境界和道德理想。同时，精神文明建设b，本意中就有要求，要"继承发扬优良传统而又充分体现时代精神、立足本国而又面向世界的精神文明建设"。中华文化血脉中那种高远、精妙的精神内容，那种从理性自觉做起而达至人生最高处的精神追求，都是我们建设精神家园的丰富滋养。

（2）中华传统文化激励中国人民更好地坚持中国特色和中国道路。今天的中国是历史的中国的延续和发展。每个国家和民族的历史传统、文化积淀、基本国情不同，其发展道路必然有着自己的特色；中华文化积淀着中华民族最深沉的精神追求及中华民族生生不息、发展壮大的丰厚滋养；中华优秀传统文化是中华民族的突出优势，是我们最深厚的文化软实力；中国特色社会主义植根于中华文化沃土、反映中国人民的意愿、适应中国和时代发展进步要求，有着深厚历史渊源和广泛现实基础。

（3）中华传统文化有助于推动文化软实力建设。文化软实力，是一个国家综合国力的重要内容。国家的富强、民族的兴盛，不是仅仅在经济数字上的优势，最为重要的是，这个国家和民族的基本文化素养是否符合现代文明的要求，是否具有独特的文化优势。优秀传统文化的继承和弘扬是建设社会主义先进文化的一项重要任务。中华传统文化是推进先进文化建设所依靠的最丰富的思想宝库。在人类文明发展史上，它的伦理精神、思想方法、社会制度和生活方式都曾有过深远的影响。现在，仍然有很大一部分人从这个思想宝库中撷取智慧，创造出先进的文化成果。

（4）中华传统文化有助于塑造中国良好的国际形象。要从文化理念和价值观的层面消除西方国家对中国的误解、误读，帮助它们正确地认识中国、看待中国。这就要求我们大力宣传几千年来兼爱非攻、亲仁善邻、以和为贵、和而不同、协和万邦的理念，以及中国奉行的与邻为善、以邻为伴的周边外交方针，向世界人民全面、正确地传递中国基本的文化精神和价值追求。

（5）中华传统文化为社会主义核心价值观提供道义支持。所谓道义支持，就是要对社会秩序和制度的普遍原则和核心价值进行规范研究、理论论证与合法性论证，对这些规则的可行性和效力进行证明。社会主义核心价值观不仅为中国道路和中国力量指明了社会主义的方向，它要成为中国特色的社会主义实践，那就必须从中国的具体实践领域中汲取独具特点的道义支持和有效论证。

中华传统文化正是论证社会主义核心价值观得以成立和走向完善的民族给养。只有这样，我们所倡导的核心价值观才会获得认同、形成社会普遍价值，进而社会主义核心价值观念成为这个时代的普遍精神代表，成为维护社会秩序、实现社会和谐，给人们以自由和希望的基础和根据。

（6）中华传统文化引领社会风尚，拯救价值迷失。传统的真、善、美的理想追求对公民品格的启发有着独特的优势。中华传统文化的价值引导是深入日常生活领域的，从生命价值教育、信仰信念教育到道德品格教育都体现出深厚的影响力。儒家"重义轻利"的价值取向也可以发挥它的特殊作用。当今，功利主义、过度的竞争意识带来一些人对民族之义、国家之义、社会集体的整体利益的漠视。社会上"黄、赌、毒"现象沉渣泛起，危害社会公共生活，并且其危害有扩散之势。普通民众在经济发展中有了一定的福利，积累了一定的财富。对于大多数家庭来说，温饱已经不是问题，关键是提升消费层次、提高生活品位。因此，传统适度消费的观念仍然具有警示作用，对消费主义、享乐主义的流行有遏制作用。传统价值理想中要人谨记人生不朽的三大标准，即"立德、立功、立言"，它不是要人汲汲于蝇头小利、个人之私，而要有关乎生死、永恒的大我精神。针砭时弊，传统文化的理性价值是值得人们认真借鉴的。

## 二、高校学生思想政治教育与价值观培养模式探析

### （一）大学生核心价值观主体性教育

大学生核心价值观教育是与教育主体的需要及满足密切相关的。主体的需要分为两方面：一是社会进步的需要，二是个人发展的需要。大学生核心价值观教育的主体性就是指：新时期大学生对社会主义核心价值观在满足社会进步与人的主体性发展需要上所进行的自觉的、主动的选择。

#### 1. 大学生核心价值观教育社会价值与个体价值的统一

社会主义核心价值观的目的是满足社会稳定与进步的需要，推动社会政治、经济、文化的全面发展，这是其社会价值；社会主义核心价值观同时也鼓励人们进行主动、积极的创造性生产，这是它的个体价值。社会稳定与发展是外部的需要，这是社会主义核心价值观的外在需要，是其工具价值的体现。个体创造性的发展是内在需要，是社会主义核心价值观实现的教育的主体价值和本质功能。长期以来，我们在思想政治教育中忽视了个体价值、主体价值，过分看重社会价值、工具价值，致使社会主义核心价值观在教育上出现了惯性的价值和功能的偏斜。

社会主义核心价值观不仅代表党的利益，反映社会要求，也代表了最广大的人民群众的利益，还是我们争取自身利益的方式和途径。一方面，社会主义核心价值观传播了社会发展所需要的思想道德观念和规范，为社会发展提供了导航和舆论支持，促进了社会和谐、稳定、有序发展；另一方面，社会主义核心价值观促进个体思想和行为的转变，发展和提升了人认识世界和改造世界的主体性和创造性，满足了个体全面发展的需要。"只有在共同体中，个人才能获得全面发展的手段，只有在共同体中，个人才可能有自由。"社会主义核心价值观成为促进社会进步和个人发展的有效途径。

#### 2. 大学生对社会主义核心价值的自觉需要与教育满足的统一

人的发展需要社会主义核心价值观的教育，这种教育存在着自发与自觉、隐性与显性教育的差别。人之所以不同于动物，是因为人具有主观能动性，这一点决定了人对于思想的需要是有是非之分的，人的所有活动皆是在一定的思想指导下完成的。要想改变自发、消极和落后的思想，就必须自觉接受先进、科学和系统的思想，这是一种自觉的发展状态。

现代社会，人要进行正确的选择，就必须具备良好的哲学功底。思想政治中的诸多思想可以提高人的辨别力和选择力。社会主义核心价值观就是这样一种思想。在社会的发展过程中，人将面临各种各样的选择，这些选择又会呈现多种发展趋势，现代社会条件下这种多样性和不确定性更为突出。多样化的选择在提高了人们选择宽度的同时也提高了人们

选择的难度。社会主义核心价值观为人们提供了一个方向，引导人们如何做出选择。社会主义核心价值观不是一般的知识，而是现代社会的一项重大使命。

### （二）大学生核心价值观主体性教育模式的重点内容

对于多数高校来说，现今在社会主义核心价值观的教育过程中实行的既不是以教师为主体的教育，更不是以学生为主体的教育，而是以教材、制度为"主体"的教育。高校要很好地完成培养高素质创新型人才的任务，必须充分运用主体性教育模式，在这一过程中着重强调学生学习的主体性和教师教育的主体性。

#### 1. 强调教师教育的主体性

在进行社会主义核心价值观教育的过程中，教师总是将学生作为实践的对象，将自身活动引发的教育影响作为手段，进而促进学生身心得到发展。教育活动所显示的特点，例如目的性、计划性、组织性等，都通过教师在教育过程中的活动来体现，这就是我们所说的教师教育的主体性。

教师教育的主体性对于进行社会主义核心价值观教育来说具有十分重要的意义，教师在进行社会主义核心价值观教育过程中体现出来的主体意识和主体性精神的现状会对学生产生巨大影响。高校出现过这样的局面：许多学生只为考试而学，使高校教学质量的提高缺乏动力。当然这一局面的形成原因有很多，但教师教育的主体性的缺乏是造成这种状况的重要原因之一。教风与学风之间具有一种天然的联系，许多学生的学风不正，其背后是部分教师的教风不严。

#### 2. 注重学生学习的主体性

学生在教育过程中，既是学习的客体，同时也是学习的主体，其主体性表现在：学生对教师所施加的教育是有条件、有选择地主动接受；学生是以积极的状态还是以消极的状态来接受教师的教育，直接影响着教育的最终成效；学生的成长具有一定的规律，教师必须遵守并服从这一规律。

学生学习的主体性主要包括对学习的主动精神和积极态度，以及对所学专业、所学课程以及所用教材的选择权利，还包括他们对所教老师和学习时间的自主选择权。教育的首要目标就是充分发挥学生的学习主体精神。

主体性教育模式告诉大学生一个最基本的道理：大学，不是一个结果，只是一个过程，是一个对价值和目标追寻的过程，并且在这一过程中他们所收获的一切将会受用终身。如今，淘汰制、辅修制、双学位制、完全学分制等弹性学制已以迅雷不及掩耳之势出台了，学生对专业、课程以及老师的选择权也迅速得到扩大，这不但拓宽了他们的发展空间，更有利于核心价值观的彻底践行，使大学生从内心深处对核心价值观的各项内容积极主动去了解，进而内化为自身的行动。

### （三）大学生核心价值观主体性教育模式的程序

#### 1. 提高大学生的主动性

进行大学生核心价值观教育，实施主体性的教育模式，一个最为基本的前提就是大学生已经充分意识到自身的主体地位。因此，在核心价值观的具体实施过程中，首要任务就是要激发出大学生的主体意识，这是激发他们的自觉性、提高他们的主动性、增强他们的自觉性的基础。对学校的核心价值观教育活动，采取主动参与的方式，而非游离于活动之外的态度，生动活泼发展自己的最大潜能，不断发挥自身的创造能动性，接受理解并积极实践核心价值观的要点，成为自我发展的主体。从大学生进入大学殿堂的那一刻开始，教师就要通过多样的渠道，引导学生主动参与到社会主义的核心价值观教育中，这是最终实现其主体性教育模式的基础和前提。

#### 2. 增强大学生的能动性

探索活动是一项需要充分发挥主体性的活动，主动探索这一活动本身就影响着大学生主体性的发挥，尤其是对大学生实践能力的培养，对大学生创造能力的发掘有着不可忽视的作用。教师通过不断创造条件，鼓励学生主动探索、积极发现，改变他们被动参与的状态，营造出一个轻松的氛围，促进他们自主学习，倡导他们自主发展，让学生在这一过程中获得主动学习的机会。

#### 3. 开发大学生的创造性

在高校开设社会主义核心价值观教育有一个最为重要的目的，就是要全面实现大学生的自我发展。对人的社会性进行发展，不仅仅是社会的客观要求，同时也是进行大学生核心价值观教育的目标。进行高效社会主义核心价值观教育的最终目的，是要促进人的发展，培养大学生的自我发展主体性，实现他们社会发展的主体性。在这一过程中，要不断在探索过程中实现主动发展，不断在实践过程中实现主动创新，采用不同的实现方式，不断发掘并探索隐藏在大学生核心价值观主体性教育中的更深层次的知识。

### （四）大学生核心价值观主体性教育的实施建议

#### 1. 对教育观念进行改革

1993 年联合国科教文组织提出了"学会学习"的报告，指出教育的四大支柱是：学会认知，学会做事，学会做人，学会共处。其中三项都是做人的范畴，这标志着教育的认识又回到对人的培养上来。21 世纪的教育现状也面临新的形态，产生新的问题，呈现出新的面貌，因此，教师应摒弃重专业训练、轻综合素质提高；重知识传授、轻实践能力培养；重知识再现、轻独创思维的传统教育观念。在教育的过程中，注重主体性教育思想的弘扬，树立新的教育理念。以学生发展为本，不仅体现在教学过程中，要以学生为主体，而且要体现在学生对教育的选择，要给学生提供最大的选择机会，包括学习时间、学习方式和学习内容，同时还要为学生的健康成长提供支持和服务等，要使学生的主体意识得到最大的张扬。简言之，就是要以学生发展为本，不断强化他们在社会主义核心价值观教育过程中的"参与性"，提高他们的"自主选择性"。既要使学生学会做事，又要使学生学会做人；既要使学生正确地继承知识，又要使学生发展创新精神和创新能力；既要使学生发展记忆力、注意力、观察力、思维力等智力因素，又要使学生发展动机、兴趣、情感、意志和性格等非智力因素；既要使学生提高智慧，又要使学生增进身心健康等。

### 2. 对教学内容进行更新

科技的快速发展，使得教育的目标和内容发生了重大变化。这就要求我们，一是要根据社会需要和学科发展趋势及时调整和改造现有专业，优化专业结构；二是对专业的教学内容进行改革。扩大专业的内涵和外延，整合不同学科专业的教学内容，构建教学新体系。在大学生中进行社会主义核心价值观的践行，也需要对这两方面内容不断改进。对现有的核心价值观教育的课程内容进行整合与淘汰，不断删减已经过时的落后的内容，开设能够反映学科特色的新课程，将核心价值观的新内容贯穿课堂，并减少课堂的教学学时。课程设置时，应建立尽可能宽的基础课平台。教师应成为教学内容、课程体系改革的主要参与者，并积极吸收、鼓励学生参加这一工作，通过教学内容、课程体系的改革，加强教师与学生之间的沟通与交流，以充分发挥教师教育的主体性和学生学习的主体性。要赋予学校自行设置专业的权利，对于已经不适合社会经济发展要求，招生、就业都比较困难的专业（艰苦专业除外），要进行彻底的改造，以增强专业的适应性。此外，要积极设立、建设跨学科专业，以适应科学综合化的需要，创新人才培养的需要，满足社会对多角色岗位人才的需求。

### 3. 对高校教育管理机制进行完善

管理机制对于在学生中进行社会主义核心价值观教育具有重要的作用，这直接关系到学生学习的自觉性，关系到教师教育功能的发挥。现实高校学生管理中存在许多问题，究其原因，仍然是由于我们的管理机制不合理。因此，要提高核心价值观主体性教育模式的效果，就需要不断完善管理机制。

（1）建设高水平的教师队伍。没有相应的科研能力，缺乏专业的学术水准，高校教师的一切活动就是"无米之炊"，更谈不上人才培养质量的提高。在进行国家经济建设和服务的过程中，高校教师的科研能力有着十分关键的作用，高校教师的教学水平和学术水平也会在这一过程中得以提升，这会促进他们在进行教学的过程中，不断向学生传输一些最新的科技发展知识，使学生了解科技发展的最新动态，使他们理解最新最前沿的科学研究的方法。

高校教师可分成两部分，一部分是以承担基础课教学为主的，而另一部分则是以承担专业课教学为主的，两部分教师应具有的科研素养可有所不同。两部分教师之间的比例因不同高校办学目标的不同将会有所差别。为此，要提高高校整体教师队伍的水平，就要重视教师生活条件的改善，教师有限的时间、有限的精力要合理分配到教学工作和非教学工作中，除了与教师的个人品质有关系之外，还受到两项工作的收益率的影响。目前，高校教师非教育教学工作的收益率提高，而且机会也大大增加。两项工作收益率的比较差距，将会影响教师在教育教学工作上的时间和精力的投入。

（2）提高学生的自由度。所谓学生学习的自由度，包括学生选课、选教师、选专业的自由。学生在导师的指导下，按照教学计划的要求，自行确定学习负荷、选读课程、安排学习进度等，打破学年制的限制，允许学生在大类范围内选择教师听课，按大类选择专业方向，跨大类自选专业方向。切实发挥学生的主体作用，实现学生在社会主义核心价值观教育中的自主性，因材施教，对学生的自我个性与特长喜好进行了解调查，认真研究如何在学分制的基础上，使学生自己设定学习计划。除此之外，在课堂教学中进行探究式教学，提高本科生在科学研究队伍中的比重和作用。

为了让每个学生都有充分自由学习的空间，发挥他们的个性与特长，学校应实行完全的学分制，按学分制的原则，制定基本的指导性规定，让学生充分自由地选择学习的课程和时间。虽然自由选择课程和教师使我们面临很大的压力，但完全的学分制将促进学科和课程的结构调整，在机制上保证了教师教育功能的发挥，有利于高素质人才的培养。

（3）实现真正的"教书育人"。在很长的时期内，高校学生思想教育管理一直实行"三育人"的机制，即"教书育人、管理育人、服务育人"，而实际收到的效果并不十分理想。在我国高校中，我们有一支很好的思想政治工作队伍，但这支队伍不应该也承担不起整个学生教育的重任。随着完全学分制的实行，在学生教育与管理中应实行导师制，导师对学生的思想品质培养、业务能力提高负总责，实现真正意义上的"教书育人"。学生教育管理中的导师制模式对于研究型大学的本科教育尤为重要，并切实可行。教师与学生永远是教育的主体，永远应该是学生成才中最重要的两方面。

### （五）社会主义核心价值观教育主体性实现的障碍

#### 1. 习惯势力的阻挠

传统的思想政治教育模式让我们早已习惯于主体与客体的角色定位，大学生在思想政治教育中一直处于被改造的地位，教师的主体地位通常是牢不可破的。教师在传统教育中的照本宣科这种教育方式已不是思想政治教育的全部了，取而代之的是面对大学生群体提出的质疑和挑战应该怎样解决，这要求教师要有扎实的功底和坚定的信仰。

#### 2. 传统观念的束缚

中国社会向来是社会本位的社会，强调整体、服从，少讲个体、主体、独立。崇尚"舍小家，为大家"，奉行牺牲个人（包括个人的利益和独立人格），保证整体利益。倡导的是下级要服从上级的命令，长此以往，就造成学生对老师产生了强烈的依赖。上述情况的发生，实际上都是社会本位社会的表现。这种传统观念，至今仍影响着人们的观念和生活。思想政治教育偏重于对学生进行管理和教育，使大学生接受各种既定的规范，关注他们，避免"出事"，维护学校甚至社会的安定，却忽视了大学生的个体价值。在传统观念的影响下，部分教师认为，如果强调大学生的主体性，就会与社会的整体性、纪律性相冲突。

### （六）大学生核心价值观主体性教育模式的评价

20 世纪 50 年代以后，我国大力学习苏联凯洛夫的教育学，更强化了传统教育，导致学生个性和主体性严重缺失。改革开放后，这一状况开始改善。因此，主体教育在我国的产生，是改革传统教育的需要，是现代工业社会发展的需要，是培育有个性的、全面发展的人的需要。

大学生核心价值观主体性教育模式的优点在于它不仅有助于大学生革除某些传统教育的弊病、提高教育的功能、改进教育的方法，更在于它能在社会主义核心价值观的指导下深入揭示潜能与现代人的特性与人的本性，摆正学生在教育中的地位与价值，尤其是把弘扬大学生的独立个性视为教育的根本，为我国教育的变革和发展奠定了基础和提供了动力。

大学生核心价值观主体性教育在教学中主张突出学生的主体地位，从头至尾都强调以人为本，把学生看成学习的主人，教师作为激发学生学习的指导者，重视学生的知、情、意、行以及潜能的发挥。

不过，大学生核心价值观主体性教育模式也存在缺点。它的世界观是唯心主义的，方法论是形而上学的，人性论是抽象的。大学生核心价值观主体性教育模式片面强调教育的内在价值，非常重视个人潜能的成长，却轻视了教育的外在价值，如若不能充分认识和克服社会主义核心价值观主体性教育模式的缺点，就会在社会主义核心价值观主体性教育教学过程的实施中出现片面夸大学生的自由这一现象，如果从学习内容的选择、学习方法的选择到学习结果的评价均是由学生个人决定的，那么这种课堂实际上并不是学生"自主"的本意，也根本不可能充分发挥学生的主体性。

# 第三节　高校学生工作成效的科学化评价

高等学校学生工作的状态和绩效直接关系到学校的改革、发展和稳定，直接关系到学生的成长、成才。当前，如何进行高校学生工作机制的创新，增强学生工作的主动性、针对性、实效性是摆在学生工作者面前的一个重要课题。对基层学生工作进行评价，是建立良好工作机制中不可忽略的环节，对整个学生工作起着目标引导、价值取向和工作激励的重要作用。

## 一、高等学校学生工作评价的发展

评价即评定价值。所谓高校学生工作评价，是按照一定的价值标准和一定的程序，对高校学生工作所产生的各种效果进行的价值判断。我国目前高校学生工作评价可分三种形式：整合学生工作评价、整体学生工作评价和单项学生工作评价。整合学生工作评价是目前大部分高校所采用的形式，单项学生工作评价适用于对学生工作模块诊断性评价，整体学生工作评价是系统地、完整地对学院或学校的学生工作进行单一评价，是学生工作评价的主要发展方向。[①]

### （一）整合学生工作评价

整合学生工作评价是把学生工作纳入学院或学校整体工作评价中，在学院或学校整体工作评价中含有学生工作指标。在《大连大学教学单位工作水平综合评价指标体系的考评办法》中，列有学生工作评价一级指标，与之并列的指标还有管理工作、教学工作、科研工作等。其中学生工作指标在整个工作水平综合评价体系中占20分，该指标下设四个二级指标，各个二级指标所占的分数分别是：2分、11分、4分和3分。

另外，在我国普通高等学校本科教学工作水平评估指标中，二级指标学习风气和思想道德修养是对高校学生工作评价的指标。

### （二）整体学生工作评价

整体学生工作评价是对学生工作的系统价值判断，目的是推进学生工作的科学化进程，及时反映学生工作的规律性和特殊性。

苏州大学根据党的教育方针和上级对高校学生工作的要求，针对学校学生工作的实际情况，将学生工作的方方面面进行综合梳理，逐条列出目标要求、评分标准和检查评定方法，形成评价体系方案初稿，初步确定评价体系有8个一级指标、62个二级指标。考虑到形势政策的发展变化和各个学院的专业特点，在不同阶段各个学院的学生工作不可能完全统一于一个模式，从1000分总分中拿出100分，其中50分作为机动分，主要用于形势发展变化后的中心工作和重大活动；50分作为附加分，主要用于鼓励各学院根据专业特点开展富于创造性的特色活动等。通过两年的实践，综合评价有力地促进了学生工作整体水平的提高，学生教育管理工作出现了新面貌。

近年来，系统工程的理论在整体学生工作评价中得到广泛运用。华南农业大学水利与土木工程学院根据学生工作评价指标体系建立的原则，通过对当前学生工作的具体情况进行分析，运用Delphi法建立了高校学生工作综合评价指标体系。Delphi法的流程如图3-1所示。该评价指标体系分学生质量和工作质量两个一级指标，每一级指标又细分为两级子因素。其中，学生质量分为德育教育、智育教育和体育教育三个二级指标；工作质量分为

① 徐添庆，陆永超，李华云.高等学校学生工作评价 [J].学校党建与思想教育（下半月），2008（S1）：71-72.

队伍建设、制度建设和档案管理三个二级指标。根据运用Delphi法得出的指标重要性排序，最终选取了23个三级指标。在此基础上，运用层次分析法建立高校学生工作综合评价指标权重体系。

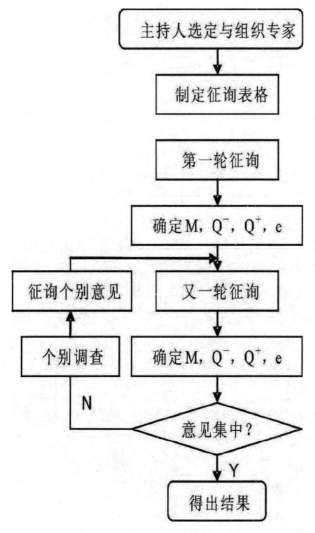

图 3-1Delphi 法的流程

西南科技大学文学与艺术学院从学生工作的模糊性和不确定性出发，在其建立的高校基层学生工作评判体系中使用了Fuzzy（模糊数学）综合评价方法。设考查的因素集为U={教育管理，队伍建设，素质教育，招生就业，助困工作}，评价集合为A={很好，好，较好，一般，较差}。R是从 U 到 A 的 Fuzzy 关系，$r_{ij}$（i，j=（1，2，3，4，5）表示从第 i 个因素着眼，对被评价对象做出第 j 种评语的可能程度。固定 i（$r_{i1}$，$r_{i2}$，$r_{i3}$，$r_{i4}$，$r_{i5}$）就是 A 上的一个 Fuzzy 子集，表示从第 i 个因素着眼，对于被评对象所做的单因素评价，得模糊矩阵 R。

U 中各个元素 u 对评价结果的影响程度是不一样的。也就是说，U 中诸元素之间有不

61

同的权衡，人们对这个问题的认识可以表现为 U 上的一个 Fuzzy 子集 A，U 中元素 u 对 A 的隶属度 A（u）叫作因素 u 被着眼的权重。模糊综合评价结果 B 为：

$$R = \begin{bmatrix} r_{11} & r_{12} & r_{13} & \cdots & r_{1n} \\ r_{21} & r_{22} & r_{23} & \cdots & r_{2n} \\ r_{31} & r_{32} & r_{33} & \cdots & r_{3n} \\ \cdots & & & & \\ r_{n1} & r_{n2} & r_{n3} & \cdots & r_{nn} \end{bmatrix}$$

现代管理科学的思想也逐步在整体学生工作评价中得到应用。青岛建筑工程学院对系级学生工作评价过程中，根据现代管理模式——目标管理的发展要求，运用全面质量管理体系（PDCA 循环法），即第一步根据上一阶段考评中的不足，借鉴兄弟系先进经验，制订本年度工作计划（PLAN）；第二步，根据新的工作计划，认真组织实施（DO）；第三步，结合该工作计划和工作的开展情况，专家组在学生处集中组织下，于学年末进行评估考核，肯定成功经验，进一步找出存在问题（CHECK）；第四步，查找出新的不足，转入下一个循环，再来研究措施，制订计划，予以解决，使系级学生工作不断得到改进提高（ACTION）。该考核体系试行一年，取得了比较好的效果，对各系学生工作总体评价有了科学的依据，更加有利于各系相互学习，有根据地查找不足、分析原因、确定改进的措施，各系形成了比、学、赶、超的良好局面。

西北工业大学面对学生工作中遇到的新变化，在学生工作中借鉴国际标准的管理思想，构建起院系学生工作综合测评体系，力求实现规范化、程序化、科学化。这一探索使该校学生工作的目标、内容、政策、载体由虚变实，体制、机制、队伍、投入由软变硬，全面推进学生工作上了一个新台阶。

### （三）单项学生工作评价

由于各个高校既有共同点，也有自身的特点，因此学生工作评价的内容目前还没有一个公认的标准或界定。当要对某高校或高校里某个学院的单项工作深入研究时，一般使用单项学生工作评价方法。

## 二、学生工作满意度研究

高校学生工作评价的主客体主要解决谁来评和评谁的问题。高校学生工作的评价一般从三个层次进行，同时分别确定评估主客体。第一层面：教育行政主管部门对各高校的评估。主要由各省市教育主管部门，根据《中国普通高等学校德育大纲》（以下简称《大纲》）及中央关于德育教育的指示精神，制定高校学生工作评价指标体系，组织力量对高校的学生工作现状进行评价。第二层面：高校对二级学院学生工作的评价。学校根据《大纲》的要求及教育主管部门对学校学生工作的总体要求，具体展开总目标，制定出切实可行的评价指标体系，对各二级学院的学生工作进行评价。第三层面：各二级学院对学生个体进行评价。高校学生工作在第一、第三层面上的评价开展得比较顺利，成效显著，但在第二层面上的评价显得比较薄弱。在第二层面上的评价，作为二级学院分管学生工作的领导往往既是评价的客体，又是评价的主体，这种二位一体的矛盾、冲突是难以避免和解决的。

江苏大学从高等学校学生工作的对象出发，让学生对学生工作进行评价，主要对学生工作者、学生具体工作和学生工作体制三大方面进行评价，有效避免在第二层面对高校学生工作评价时出现的矛盾，对高校学生工作评价具有重要作用。该校在 2003 年的调查结果表明，学生对学生工作的总体满意度较高，对学生工作的工作效率、具体学生工作中的就业指导工作和学生工作体制与学生需求的一致性评价相对较低。

当前，信息高速膨胀，科技不断发展，我国高等教育已逐渐从精英教育向大众教育转变。社会主义市场经济体制对德才兼备人才的需求高校教育特别是高校学生工作提出了更高更新的要求。对高校学生工作进行科学、严密的评价，对大学生的成长和高校学生工作的发展具有十分重大的意义。高校学生工作以整体学生工作评价为主要形式，应用系统工程理论和现代管理思想对高校学生工作进行整体评价正在逐步成熟，但由于各高校自身的特点，目前无法制定统一的业界评价标准。在对传统的自上而下的评价实施方法总结的基础上，要重视高校学生工作的客体——大学生对高校学生工作评价的重要作用。

总之，高等学校学生工作评价已在高校教育工作中发挥了积极作用。我国高等教育要走向国际化，必须加快学生工作的发展，逐步推广和完善适合我国高校的学生工作评价体系。

# 第四节　高校学生工作过程的优化策略

作为高校重要育人渠道的学生管理工作，应及时转变教育观念、优化学生工作过程的手段和方法，以适应当代人才培养的新要求。应用"三标一体"教育质量管理模型来优化高校学生工作过程的方法与手段，能够有效增强大学生思想政治教育工作的实效性。

## 一、"三标一体"教育质量管理模型简介

### （一）"三标一体"教育质量管理模型的内涵

"三标一体"教育质量管理模型指依据《中华人民共和国教育法》《中华人民共和国高等教育法》等相关法律法规，综合运用 ISO45001：2018 质量管理体系和（GB/T28001-

2011）职业健康安全管理体系的理论和方法，有机融合国家本科教学工作水平评估体系，全面保障并持续提高人才培养质量和增强办学综合实力的管理模式。"三标一体"教育质量管理模型的实质是基于全面质量管理理论的现代高校全面教育质量保证体系，它的切入点是教学质量，关注点是学生（即"顾客"）。

控制点是教学过程，落脚点是发展。"三标一体"教育质量管理模型通过降低或消除办学风险，防止工作质量的波动，而且不以破坏环境、损害自然、伤害师生员工健康为代价，以期稳定保持并持续改进地提高质量。这种办学质量是可持续发展的质量，是高等教育中的"绿色质量"。①

### （二）"三标一体"教育质量模型的主要内容

"三标一体"教育质量模型包括五方面的内容：一是理念系统；二是文件（制度）系统；三是监控系统；四是改进系统；五是技术支持系统。

#### 1. "三标一体"教育质量模型的理念系统

理念系统是"三标一体"教育质量模型建构的理论基础。其中，"五大理论"（即教育论、管理论、质量论、产品论、顾客论）是最为核心的支柱理念，是"三标一体"教育质量模型的立论基石。下面对五大理论分别给予简述。

教育论：这里对"教育"的理解是"三标一体"教育质量模型设计的第一立论基石。《国际教育标准分类》中定义为："引发学习的有组织的及持续的交流。"从管理学的视角，可以把教育分为教育管理、教育生产、教育研究三种类型的活动。

管理论：关于对"高校管理"的理解，是"三标一体"教育质量模型设计的第二立论基石。高校管理同管理学一样，关心制度建设和管理的有效性。我们认为，高校的办学行为本质上就是教育管理，而教学、学生工作等则是教育生产活动。

质量论：关于"教育质量"的理解，教育质量即有关教育的需求得到满足的程度。教育质量既包括教育服务提供的过程与结果，也包括学校自然环境保护和师生员工的健康、安全状况。高校追求和提高教育质量不应当以损害自然、损害师生员工安全与健康为代价，也不应当以高频率的教育服务事故为代价，因而教育质量也要特别讲究"代价"，应当以尽量低的"代价"获取尽量高的质量回报。要稳定地保证并持续提高教育质量，首先取决于如何控制教育生产的每一个环节、每一个因素。因此，保证质量与高校各方面工作都有密切的关系。

产品论：关于高校的"产品"的理解。高校的产品是指教学工作、科研工作、学生工作、行政管理和后勤服务五个方面的活动（过程）产生的结果，既有有形产品，也有无形

① 李德全.高校学生工作科学发展理念研究 [M].成都：西南交通大学出版社，2014.

产品。其中，教学工作（如知识传授）、学生工作、行政管理活动产品的主要表现形式为服务，科研工作的主要产品为创新的知识（如思想、技术），后勤服务中还有流程性产品（如饭菜），但学校产品总体特性为"服务"。

顾客论："顾客"是指接受产品的组织或个人。高校的顾客有直接顾客、间接顾客之分。学生及其家长、用人单位、教职工均为学校的直接顾客，因为他们提出的要求将直接影响相应产品的实现及其质量，或者说满足他们的要求是贯彻推行"三标一体"教育质量模型的目的之一。政府、社区居民、外包方等相关方是学校的间接顾客，而学生及其家长、用人单位是学校的主要顾客。例如，对率先应用"三标一体"教育质量模型来实施管理的重庆文理学院来说，教学工作和学生工作是学校的主要活动和主要产品，同时由于教学工作和学生工作的最终结果集中体现为把学生培养成为合格的人才，以满足学生及其家长、用人单位的"成人"与"成才"的要求，因此可以讲学校主要产品的载体形式是"合格的人才"。

### 2. "三标一体"教育质量模型的文件系统

把"三标一体"教育质量模型中全部要素、要求和规定都纳入文件，形成全面的文件体系。文件体系中的文件共分四个层次：管理手册，这是第一层次，是教育质量模型构建的纲领性文件，总体描述四大主要过程，规定职责分配、资源配置、产品生产和监视测量工作的基本要求；程序文件，这是第二层次的文件，是对各主要过程的规定性描述；第三层次，作业文件，是针对具体工作和实际岗位的活动而规定的活动方式和质量标准；记录是第四层次，包括各种鉴定与评价报告、运行记录和工作日志。

### 3. "三标一体"教育质量模型的监控系统

"三标一体"教育质量模型的监控系统是"三标一体"管理体系运行质量的"监控器"，因而也叫"检查机制"。一个科学、合理的监控系统包括检查的机构与体制、检查的内容与标准、检查的方法与手段、检查结果的统计与分析、运用及反馈等问题。"三标一体"教育质量模型监控系统由常规监测、内部审核和外部审核（认证）三个层次构成。工作质量考核的方式是"三标一体"教育质量模型监控的重要内容，也是"三标一体"教育质量模型监控的重要手段。

### 4. "三标一体"教育质量模型的改进系统

持续改进是"三标一体"教育质量模型最大的魅力和精髓。例如，重庆文理学院"三标一体"教育质量模型主要通过日常检查、目标管理、用户满意度调查等方式及时发现"教育生产"中的各种"不符合项"，通过分析原因，及时制定纠正和预防措施，使教育质量的改进具有可持续发展的内在机制。

### 5."三标一体"教育质量模型的技术支持系统

现代信息技术为适应管理复杂化和管理幅度最大化提供了技术基础，高校应重视开发"管理信息系统"，作为"三标一体"教育质量模型的技术支持系统。技术支持系统的设计以事前控制和实时控制为准则，以评价和考核为中心，以提供决策参考为目标，以教师和学生需求为导向，将繁杂的管理与服务过程，通过网络直播的功能达到实时在线管理，从根本上提高管理效率，保证教育服务的及时性、快捷性，提高为教师、学生、家长、社会等高校用户服务的质量。"管理信息系统"是一个涉及学校管理工作各环节、面向学校各部门以及各层次用户的多模块综合管理信息系统。

### 6."三标一体"教育质量模型的运行机制

科学的运行机制是"三标一体"教育质量模型区别于传统管理的重要方面。

其运行包括四个平台和一个信息通道。四个平台是：中枢控制平台、职能部门控制平台、教学院（系）操作平台、教研室操作平台。每个平台和模型都按照策划（P）—实施（D）—监控（C）—改进（A），即P-D-C-A的方式循环，模型的每一个循环周期意味着学校管理水平和教育教学质量新的提高。

## 二、高校学生工作引入"三标一体"教育质量管理模型的现实意义

### （一）推行"三标一体"教育质量管理模型有利于提高高校的竞争力

随着我国高等教育结构与规模的调整，在知识经济和经济全球化的背景下，社会对高校人才培养的需求呈现出多样化、多层次性的特征，各高校之间的竞争也就越加激烈，高校学生工作管理的手段与方法也就必须适应社会经济发展的需要。随着我国加入WTO，国外教育机构进入我国高等教育领域，参与教育服务竞争。因此，引进"三标一体"教育质量管理模型，加强学生工作质量管理，是提高高校自身竞争力的重要手段，也是实现社会对人才培养的质量需求。

### （二）推行"三标一体"教育质量管理模型有利于提高学生管理工作效益

"三标一体"教育质量管理模型体现着国际社会普遍认可的先进的管理思想和管理方法，这就是"过程控制"理论和"过程方法"，是"策划、实施、检查、处理"的过程循环，简称PDCA循环。"三标一体"教育质量管理模型的应用将使学生管理工作进一步科学化、规范化、制度化。按照"三标一体"教育质量管理模型要求，把学生管理质量目标层层分解、细化、量化，使学生管理质量的最终验证有明确的标准，从而规范各种管理。

### （三）推行"三标一体"教育质量管理模型有利于学生管理工作的持续改进

按照"三标一体"教育质量管理模型，围绕学校确定的学生管理的质量方针和质量目

标建立起来的文件管理体系，编制成程序控制文件，形成质量手册，为规范学生管理打下基础。文件化的质量管理体系指导教学与科研，使各项工作得到监控，并使之运作得更流畅。通过识别、纠正、预防质量问题，按照PDCA步骤，可以系统地实现学生管理质量的持续改进。

### （四）推行"三标一体"教育质量管理模型有利于与国际教育的交流

高校学生管理工作引进"三标一体"教育质量管理模型，可以促进教育管理与国际教育交流，奠定教育面向世界的管理基础，从而减少国际合作与交往中的壁垒，更有利于借鉴、学习国外著名大学的先进办学模式和管理经验，以及对国外著名大学加强质量管理的方式、方法进行管理移植。同时，国内高校在与国际著名大学文化学术交流及管理模式相互借鉴的过程中，应根据自身实际情况进行转化、完善、创新，逐步形成自身的评价体系和标准，最终形成自己的质量管理特色。

## 三、"三标一体"教育质量管理模型在高校学生工作中的应用

### （一）应用的前提条件

#### 1.树立教育即服务的教育本质观

教育不仅仅是传授知识的活动，教育也不仅仅是我们书本意义上的"培养人才"的活动，从可操作的层面来讲，"教育即服务"。教师的教育行为类似于医生、导游、饭店服务员、出租车司机等，提供的是服务消费，教育行为就是教师向社会、家庭或社会个体，提供用于提高或改善人的智力素质和思想理念素养的非实物性社会成果。教育服务具体体现在以任课教师的备课、讲授、辅导测评和批改发放作业等行为，学生工作人员对学生进行的思想教育、道德教育、心理健康教育、法制教育等一系列循环工作为典型内容的各项活动当中。确立教育即服务的教育理念，必须明确：教育就是为学生服务、为家长服务、为用人单位服务、为社会服务，"顾客是关注的焦点"，这是ISO9001：2000质量管理体系的八大原则之一。

#### 2.树立以人为本的教育哲学观

"人是教育的主体，也是教育的对象，还是教育的出发点。"当代社会是一个竞争激烈、不断创新的社会，而对教育来说，没有个性化的教育，就没有独特性、创新性，因此，可以这样讲，当代教育就是一个开展个性化教育的时代。尊重人的个性就是尊重人本身，这是"以人为本"的教育哲学观。"三标一体"教育质量管理模型蕴含的"以顾客为关注的焦点"的首要法则，正是这一观念的生动表达。"以人为本"，首先是以学生为本，是以当代大学生的成才和发展为本，但它又不仅限于此，教育中的主体，绝不仅指学生，还有教师。提倡"以人为本"当然也应"以教师为本""以教师发展为本"。人的发展的首要前提是生命的存在，而人的健康则是前提中的前提，"身体是革命的本钱"，这恰是GB/

T28001-2011 职业健康安全管理体系的追求。

### 3. 树立可持续发展的教育发展观

"持续改进"是质量管理体系 ISO9001：2000 的八大原则之一，通俗地说，"没有最好，只有更好"。学校的发展、学生和教师的发展也可以适用此原则，若将其上升到一个哲学的高度，就是可持续发展。高等院校可持续发展的基础是有特色的办学模式，是足够的人才储备，是优良的办学传统。教师的可持续发展表现为执业的过程中对真、善、美的不懈追求和伴随学生成才过程中的自我价值的实现，及其对自身潜能的不断挖掘：而学生的可持续发展是终身学习能力和通过学习具有的自主选择能力和主动创造能力。我们可以从"持续改进"中悟出"可持续发展"的深邃思想，逐渐领会其深刻的改进与发展的相融关系。

### 4. 牢固树立用户满意的竞争型教育质量观

长期以来，我国的教育活动中的质量观为：按照国家既定的人才培养目标、教学计划、课程标准进行课堂教学，就是符合要求的、标准的、质量好，这是典型的"符合型质量观"。这种质量观是完全站在卖方的立场上思考问题，对用户的利益和感觉缺乏关心，在卖方市场处于主导地位时，这种质量观及其主导下生产的产品都能找到一席之地。但是，当计划经济体制逐渐被市场经济体制取代，精英式高等教育被大众化高等教育取代时，买方市场形成，学校的生存与发展就依赖于市场。要想赢得顾客，提高市场竞争力，就必须摆脱"符合型质量观"的束缚，树立起"竞争型质量观"。而"三标一体"教育质量管理模型的三大管理体系，为我们寻找并实践这种新型的办学理念提供了一个大有作为的广阔天地。

### （二）"三标一体"教育质量管理模型在高校学生工作中的应用

### 1. 推行目标管理，开展质量考核

按照"三标一体"教育质量管理模型提出的目标要求，根据目标管理与过程管理相结合的原则，设计目标管理与学生工作质量考核制度。具体操作程序：以目标管理为主，兼顾过程控制；层层分解、人人有责；学校质管部、相关职能部门、二级教学院系等负责人联合验收、审核，奖罚分明。通过工作质量考核，把部门的工作绩效与经济效益直接挂钩，建立激励机制，充分调动各种因素促进学生工作的科学发展，给予学生工作有力的支持，切实保证育人质量。每次考核结束，要撰写目标指标考核分析报告，重点分析目标指标完成的真实情况，指出在实施"三标一体"教育质量管理模型过程中存在的一些问题，提出改进的建议，体现持续改进的要求，大力推动高校学生工作质量的稳步提升，提高学生管理工作效率。以重庆文理学院为例，学校自合校升本后，创建了"三标一体教育质量管理模型"，该模型在办学治学的全面工作中得到了充分的运用，实现了对教学工作、学生工

作、科研工作、党建工作等全方位覆盖，形成了办学治校的观念体系、以生为本的教育体系、全程控制的质量监控体系。按照"三标一体"教育质量管理模型科学运行的要求，全校学生工作系统每年度设置了详细的目标考核指标。考核对象包括学工部、15个二级教学院（系）的学生管理工作机构，考核主体实施交叉考核，以示公平公正。前者主要由二级教学院（系）的负责人组成，后者主要由本校的质管部、校务部、教学部等十大职能部门负责人组成。考核的目标指标内容以2012年该校学工系统考核工作目标为例，学工部被考核的内容主要包括的目标类型："主要职能（700分）""党建工作（100分）""综合管理（100分）"等；对应主要观测点，如主要职能第一项"学生事务管理平台建设"等共计34个；第一个主要观测点的对应目标要求是"建立学生事务管理中心，打造一站式服务平台，成效好"；对应权重为"5"等。二级教学院（系）的学生管理工作机构被考核的目标指标内容与学工部被考核的内容有一些区别，但联系紧密，如该校公共管理学院被考核的内容主要包括一级指标内含"学生工作"，其主要观测点第一项是"学生巩固率、学生指导与帮扶等13项"、相应指标要求为"2011级学生巩固率100%"等，还要求公共管理学院落实相应"分管领导"为责任人"×××"、落实人"×××"等，并给予相应权重"4"等评价。该校学生工作系统目标指标在年初确定后，按照目标管理与过程管理相结合的原则，分三个阶段即上半年、下半年和年终实施过程与结果考核，在过程考核的基础上结合结果考核，确定学生工作系统考核整体分值，再按照教学服务部门（即职能部门）与教学执行部门（即教学院系）分别由高分到低分排序，根据工作业绩给予学工部、二级教学院（系）包括学生工作机构人员奖励或惩罚。重庆文理学院学生工作按照"三标一体"教育质量管理模型有序运行，始终以师生为本，提高了服务质量，增强了育人效果。

### 2. 严格过程监控，规范服务行为

通过"三标一体"教育质量管理模型制定的过程控制程序，按照P-D-C-A的方式循环，学校学工人员、辅导员做到：每天有工作记录，每周有工作检查，每月有质量通报，学期有质量考核。通过定期和不定期的检查和审核，掌握各方面工作的状态；各程序主控部门监控相关工作事项，并定期报送信息；定期编发《学生工作质量简报》向学校通报学生工作的情况，过程检查的结果，也应直接纳入学工部（处）、院（系）目标指标验收的分值考核之中，作为学工部（处）、院（系）工作质量考核的重要依据。比如，重庆文理学院学生工作系统要完成2012年度目标指标设置的考核内容每个观测点的要求，如学工部要完成观测点"大学生成长目标导航计划及实施"中的要求，启动"大学生成长目标导航计划，并实质性地开展相关工作"；经济管理学院要完成观测点"大学生社会实践"中的要求，"有效落实学生参加大学生社会实践活动，完成高质量调研报告≥2篇"。首先，各学生工作负责人组织执行人员解读、学习、理解每个观测点的要求，安排部门相关人员做好每个观

测点的策划如制订《重庆文理学院目标导航实施计划》《大学生暑（寒）假社会实践实施方案》，然后，在 2011—2012 学年第二学期，2012—2013 学年第一学期及其 2012 年度日常学生管理与服务的过程中认真组织师生参与、实施，在实施的过程中接受考评部门监控、师生监督，对在此过程中存在的不合格项，出具《重庆文理学院学生工作质量简报》通报，为下一阶段的持续改进做准备。

### 3. 关注学生满意度，及时反馈信息

测评质量状态建立起学生满意度测评系统，通过按一定规定比例抽样，对学生工作系统各部门的服务效果进行满意度测评，测评结果记入工作质量考核结果之中。在满意度测评中，收集到的一些典型意见和建议形成书面材料反馈到学校决策层和质量管理部门，为提高学生工作质量提供参考信息。对按照"三标一体"教育质量管理模型运行的重庆文理学院学生工作系统的考评除过程考评、目标指标考评外，学生对其满意度的考评是又一重要考评标准。例如，2012 年，学生满意度测评计分 100 分，学工部、二级教学院（系）管理服务水平占有一定比例分值。在 2011—2012 学年第二学期，2012—2013 学年第一学期两个学期末，学校均要求二级教学院（系）组织在校学生对学工部管理情况、二级教学院（系）学工办服务情况在该校网络满意度测评系统给予实质性的评价与评分，以促使全校学生工作管理系统提高服务水平，达到满意的育人效果。

### 4. 持续改进，保护环境，控制安全风险，注重改进

在教育服务的策划、运行、改进、质量、资源、环境和健康安全等方面有不符合项，首先应要求高校相关部门及时纠正以消除不符合项，然后分析问题发生的原因，并针对原因制定纠正措施和预防措施，以防止问题反复出现，从而实现学生工作质量的持续改进。这里继续以 2012 年重庆文理学院学工部、经济管理学院学生工作管理为例，在两个学生工作管理主体完成策划、实施、监控运行程序，接到《重庆文理学院学生工作质量简报》通报后，对《重庆文理学院学生工作质量简报》中汇总的不合格项、存在的问题，要求两个管理主体在后期管理服务的过程中持续改进，改进的质量高低和育人实效就作为学工部、经济管理学院期末绩效奖励的重要参考依据。通过全方位、多层次、强有力的质量监控，各项工作的质量要求严格落实，学校各部门和学工人员一直处在主动、认真、负责的状态下，极大地规范学生工作服务行为，提高实现目标的可能性，以达到"质量目标清楚，相互配合顺利，提高效率利索，管理环境干净，杜绝事故平安，学习氛围快乐，质量考核明白"的良好局面。

# 第四章 高校学生工作的管理体系

## 第一节 高校学生工作的战略管理

### 一、高校学生工作管理的战略分析

战略分析是整个战略管理体系中重要的一个环节，只有将战略状况进行完全的分析，才能够制定与之相匹配的战略，从而保证战略实施的效果。SWOT分析法又称态势分析法，作为一种有效的战略管理学方法，SWOT分析法能够较为客观而准确地分析和研究一个组织的现实情况，帮助其在制定战略之前进行完善的战略分析。"SWOT"是由该方法的主要组成部分的英文首字母组成，其中"S"代表"Strength"，即指组织内部的优势；"W"代表"Weakness"，即指组织内部的劣势；"O"代表"Opportunity"，即指组织外部环境所面临的机会；"T"代表"Threat"，即指组织外部环境所面临的威胁。通过调查组织内部条件和外部环境因素并将其罗列出来，依照一定的次序按矩阵形式排列起来，然后按照系统分析思想，把各种因素相互匹配起来加以分析，从而为战略的制定提供有效的背景条件。[①]

SWOT分析法的使用一般分为三个步骤：第一，分析环境因素；第二，构造SWOT矩阵；第三，制定行动战略。按照SWOT分析法，应该先分析环境因素。可以说，学生工作管理的环境对其效果能够起到重要影响。它是由多种因素构成，环境因素具有不确定性，但是，总体来讲，还是能够进行归纳和总结的。例如，学生群体趋势经济、高校整体环境、科技发展、文化及其他，等等。在校学生从性别比例培养方式到各个专业人数每年都在发生变化，学校为学生工作划拨的预算每年会根据往年的数据和次年的计划有所调整，学生工作依托网络、信息技术、新工作手段等方法更新和进步，学生对学校学生工作的评价、看法也会因事而异、因时而异。这些都是影响SWOT分析的环境因素。

机会因素分析。①党和国家对高校学生思想政治教育工作高度重视。近年来，国家在

---

[①] 应中正，于春华．多学科视野下的高校学生工作 [M]．天津：天津人民出版社，2015．

实施科教兴国战略，通过政策等手段扶持高等学校学生工作管理方面加大力度。对于学生工作来说，这是一个良好的外部机会。②高校学生对增强自身综合素质的需求不断增大。随着社会的发展，在校大学生对提升自身综合素质的诉求越来越多。因此，学生对自身思想境界、个人修养和文化生活等方面的积极需求为高校学生工作管理带来了机会。

威胁因素分析。①人才供求矛盾日益严重。随着社会的不断发展与变革，人才供求之间的矛盾日益加剧。一方面，随着近年来高校的普遍扩招，每年的毕业生人数远远超过用人单位需求总数；另一方面，高校培养的人才与社会发展需要和用人单位需求不相匹配的现象日益严重。②高校之间的竞争日益激烈。全国各大高校日益重视培养拔尖创新型人才，虽然校际间关于学生工作管理流程和模式的改进有助于国内高等思想政治教育水平的整体提升，但同时也给每个学校的学生工作管理带来了威胁和压力。③校内对学生工作重视程度不够。在大众的视野和观念中，高校学生工作和教学相比，所受重视程度不高。很多学校重教学科研轻学生工作的现象依然比较严重。以上这些都在某种程度上影响着高校学生工作管理的开展。

优势因素分析。①党和国家的政策支持。中央 16 号文件出台以来，高校思想政治教育工作越来越受到社会各界的关注。在高校层面，思想政治教育和学生工作也成为学校的战略大计之一，为学生工作的推动和开展创造了良好的背景和条件。②工作贴近学生。学生工作的很多内容都非常贴近学生的生活和需求。许多学生活动也都是深受学生欢迎的。因此，可以说高校学生工作有良好的开展基础。

劣势因素分析。①高校学生工作管理欠缺学术和理论支持。由于高校学生工作者的工作内容的学术研究性尚待挖掘，因此，高校学生工作在学校教学科研领域受重视程度不高。这给学生工作的整体规划和开展带来了一定的限制和难度，也为学生工作的优势资源获取方面造成了一些障碍。②高校学生工作相关经费有限。大学生思想政治教育是一项重大的育人工程和系统工程，但是，与科研经费和教学经费相比，学生工作经费稍显不足。众所周知，工作的开展保障之一就是资金上的支持，因此，学生工作经费在一定程度上影响了学生工作的开展效果。

## 二、高校学生工作管理的战略设计与选择

在战略管理学领域，重要的战略有以下五大类型：第一类是波特基本竞争战略，包括成本领先战略、标新立异战略和目标集中战略三种；第二类是一体化战略，包括前向一体化战略、后向一体化战略和横向一体化战略三种；第三类是多样化经营战略，包括集中多样化战略和横向多样化战略；第四类是增强型战略，包括产品开发战略、市场渗透战略和市场开发战略三种；第五类为推出型战略，包括紧缩战略、剥离战略和清算战略。尽管这五类战略是针对企业组织而言的，但其中不少战略完全可以应用到高校学生工作管理中。

### （一）标新立异战略

标新立异战略即差异化战略，属于波特基本竞争战略中的一种。它是指提供与众不同的产品或服务满足客户或消费者需求，以便在竞争中赢得比较优势的战略。随着校园文化的繁荣，各种新鲜的学生活动形式层出不穷。怎样才能在五花八门的学生活动中独树一帜，吸引学生的参与是每一位学生工作者思考的课题。例如，宿舍文化节是一种常见的学生活动形式，无论是院系还是学生社团，举办此类活动都是为了丰富学生的宿舍文化生活。但是，宿舍文化节一般都是由才艺比赛、卫生检查等活动组成，久而久之，已经很难吸引学生参与。因此，在活动的策划上就要下功夫，设计新颖独特的学生活动。

### （二）目标集中战略

目标集中战略又叫目标集聚战略或专一经营战略，是指以某个特定的消费群体、某产品或服务系列的一个细分区段或某一个地区市场为目标，通过一系列优化市场行动，逐步赢得目标市场竞争优势的战略。高校学生工作和学生活动中，每项工作的设计都有其目标群体，体现目标集中战略。高校平时强调以学生党建为龙头，就是将目标集中于学生党员群体和学生党组织建设；为更有针对性地开展不同群体的工作，面向少数民族学生、免费师范生、国防生等特定群体而设计符合他们群体特点的各种活动。另外，如在宿舍文化建设中，女生宿舍楼的宿舍文化建设工作的开展就因其居住者全部为女生而具有其独特性，在进行战略选择的时候，结合目标集中战略，策划具有女生特色的学生活动，能够吸引更多学生，起到良好的教育效果。

### （三）多样化经营战略

多样化经营战略又称多元经营战略，是指企业扩大业务内容和经营形式，进入与本企业现有业务相关或不相关行业或市场所采取的一种整合战略。例如，学校为全面提升学生综合素质，而开展丰富多彩的校园文化活动，包括文化、艺术、学术、体育社会实践等，有文化节、艺术节、体育节、学术节等，百花齐放；各学院结合自己专业特色，又分别组织开展各专业的学术节文化；学生根据自己的兴趣爱好，组织成立不同的学生社团，开展学生社团活动等。

### （四）集中多样化经营战略

集中多样化战略是指在集中资源发展原有业务的基础上，增加新的与原有业务相关的产品或服务，将该理念迁移到学生工作管理中。例如，在学生党建中，学校层面根据上级精神，制订指导性计划，各学院自己组织学生党员开展各种主题党日活动、支部活动等；同时，学生党建活动又分别包括了入党积极分子培训、党员发展和教育管理、党员干部培训、支部建设等不同内容、不同方式的活动。

## 第二节　高校学生工作的组织管理

高校学生工作具有组织管理的职能，要对学生除课堂学习以外的一切活动进行管理，对课堂学习进行辅助管理。管理中也包括对学生违章违纪行为的惩治，对学生思想、心理等偏差的矫正。

高校学生工作具有保证的职能。要对学生活动中所必需的人、财、物、时间、信息进行统筹，提供保证。保证的职能在实际的学生工作中，是管理职能的具体化。管理需要保证，充分和必要的保证使得管理畅通。高校学生工作的职能不是凭主观臆想就能获得的。高校学生工作的职能受学校管理全局的结构所制约。

高校学生工作部门本身，也有自身的管理结构。如团委、学生会、宣传部门、学生指导委员会、学院分管学生工作专职党总支书记、政治辅导员等，各自也受到同样的纵向、横向的管理规定的制约。所有人各司其职，在管理学上的认识意义，就在于清晰地认准自己在结构中的位置，由此发挥该自己发挥的职能。

高校学生的组织管理，就是指与高校学生管理活动相关的机构、制度、方法、形式等，其主要内涵包括高校学生组织机构的设置、组织机构间的隶属关系、职责范围及相互关系，高校学生事业管理的权限划分、人员的任用和高校学生事业发展的规划与实施等。高校学生的管理体制可分为宏观管理体制和微观管理体制。宏观管理体制，就是一个国家在高校学生管理行为活动中，国家层面和省级政府高校管理的职责、权力和利益关系；微观管理体制，就是高等学校内各管理层之间的职责、权力和利益关系，或高等学校内部各部分的比例关系和组合方式。[1]

高校学生组织管理体制具有显著的功能，概括来说主要包括以下几个部门：

（1）权力分配部门。高校学生管理体制解决的是中央和地方的关系、教育行政部门和学校的关系，这些关系归根结底是一种权限与利益的关系。通过适当的教育管理体制，参与教育活动的各方按一定的"游戏规则"办事，明确各自的权利义务关系，以此来保证教育活动的顺利进行。

（2）领导和指挥部门。相对其他管理教育的制度来说，高校学生管理体制是牵一发而动全身的，如只有在管理体制上强调地方参与、学校自主，招生制度和分配制度的改革才有可能进行。

（3）分工协作部门。高校学生管理体制不但是各种教育力量在教育系统中发挥积极作用的外在表现形式，同时也是彼此间分工协作的一种表现，正如管理学家巴纳德所说：

---

[1] 曲木铁西，夏仕武.少数民族高等教育导论 [M].北京：民族出版社，2013.

"在一个群体系统中，必须在协调合作有效分工的原则下，各部门做各部门的事情。"

（4）提高效率的部门。研究和改革高校学生管理体制的根本的目的是要提高教育管理的效率。"效率原则是衡量任何组织结构的基础"，离开了效率原则，高校学生管理体制的改革就变得毫无意义。

# 第三节　高校学生工作的人员管理

随着新时期高校体制建设进一步完善，对大学生各方面能力培养的要求不断提高，一支具有较高思想道德素养、受过专业化训练、乐于奉献的高校学生工作人员队伍，对大学生健康成长和综合素质的提升将起到重要作用。因此，随着高校管理者、学生以及家长对学生工作人员的要求不断提高，高校学生工作的任用管理在当今中国各高校中，已经逐步走上规范化、制度化和专业化的轨道，也逐渐成为管理学范畴下学生工作的重要内容。

高校学生工作队伍人员覆盖面较广，凡是涉及学生教育、管理和服务等方面的事务，都属于此范畴。既有从事行政工作的教师，又有专职从事学生事务管理的辅导员老师，还有一部分则是从学生中选拔出来的学生干部。

## 一、高校学生工作队伍的人员选拔

高校学生工作队伍的人员选拔是学生工作任用管理中的第一个环节，也是非常关键的一个部分，必须在公平、公正、公开的前提下，将专业技能、知识背景、道德标准等纳入选拔标准，把真正热爱学生工作并且愿意从事学生工作的专业人才和优秀学生吸收到工作队伍中来，从而组建一支全身心为学生服务的队伍。

### （一）选拔原则

#### 1.高校学生工作教师选拔原则

高校学生工作教师包括机关部处领导、学院负责学生工作的领导、专职辅导员、事务助理等。高校学生工作老师的选拔，直接影响着学校学生工作队伍的战斗力，影响学校的发展和人才培养质量。在选拔高校学生工作教师时，要从学校和学生的角度出发，坚持标准，严格把关，慎重选用。在具体选拔时要坚持以下几个原则：

一是政治素养坚定原则。学生工作教师具有教师和干部的双重身份，是开展大学生思想政治教育的骨干力量，是高校学生日常思想政治教育和管理工作的组织者、实施者和指导者，同时也是广大高校学生道德思想的风向标，起到了模范带头作用。因此，在选拔学生工作教师时，首先要考查其政治素质，判断其能否承担起思想政治教育的重任。

二是职业化原则。高校学生工作教师是学生事务管理工作的直接承担者，其职业素质的高低将直接影响高校学生工作的成效。学生工作教师队伍的职业化就是要求在学校的机构设置和人事编制管理中，把教师分别以专业教师岗、教学辅助岗和学生工作岗单列计划进行设置，制订相应培养方案。对学生工作教师队伍，还要对其进行严格的选拔，提供系统培训，使其具备相应的职业资格和技能，实行规范的职业化管理，培养一支长期稳定、合格的职业化的学生工作教师队伍。

三是专业化原则。关于学生工作队伍专业化建设问题，如今已成为关注重点。无论是从中央到地方，还是从教育主管部门到高校，抑或是从理论研究者到实际工作者都对学工队伍专业化建设提出不同的看法。总体来看，大家对学生工作队伍专业化建设的共识是，只有建设一支相对稳定并逐渐走向专业化的学生工作教师队伍，才能肩负起新时期大学生思想政治教育和日常管理的使命和任务。因此，在选拔学生工作教师时，一方面，需要招聘部门制定详细的学生工作教师胜任力标准；另一方面，需要应聘者必须具备从事大学生思想政治教育相关的专业知识、工作技能以及道德素养。

四是梯队原则。一个组织应有良好的人员轮换机制，即便在一个职位上人员出现问题，也不会出现"断层"的情况、不会影响整个组织工作的运行。因而，在选拔和任用高校学生工作教师时，可以考虑在每个职位上增加后备人选，而这个后备人选并不一定要在学生工作队伍里面。

## 2. 高校学生干部选拔原则

高校学生干部是大学生群体中的优秀者和领导者，合理有效地选拔高校学生工作队伍的人员，不仅能够显著地推进高校学生工作的稳步进行和长远发展，也有助于培养高校大学生各方面的能力。在具体选拔时要坚持以下几个原则：

一是"学工"兼优的原则。高校学生干部具有双重身份，他们既是在校学生，又是学生群体中的管理干部。一方面，学生的首要任务是学习知识，他们的本职工作是学习政治理论知识和专业基础理论、技能；另一方面，学生干部是学生群体的领导者、组织者，常常会以自己的思想影响其他学生，用自己的行为服务其他学生。因此，在这个层面上看，他们还承担教育者管理者的角色。正是这种双重身份，对学生干部的选拔提出了更高的要求：能够在确保学习成绩的前提下将学生工作做好。因此，在选拔高校学生干部时，要注意的首要原则是要选择能够兼顾学业和工作的学生。

二是学生公认的原则。学生干部不是一个人，而是几个人或是十几个人的小团体。大部分的学生工作都是需要一个团队分工合作，共同完成任务，单凭一人之力是无法完成的。因此，在选拔学生干部的时候，要注意选择大家公认的学生干部，使整个团队能够和谐合作，共同完成工作，有力地推进学生工作的顺利进行和有效开展。

三是互补原则。在选拔和任用学生干部时，还应考虑到互补问题，即性格互补、性别互补、知识互补以及能力互补。在一个学生组织中，如果个体在知识种类和知识广度上形成互补，在能力类型和能力大小上进行互补，那么整个组织的知识结构、能力结构就会变得更合理、更全面。同时，对于一个整体而言，性格互补更为重要，如外向型的领导者与内向型的参谋者在一起，整体工作效率就会很高。当然，还有性别的平衡搭配问题。一般而言，在处理重大事情的时候，男性相比女性要更有魄力、应变能力更强；而女性则较细心，注意观察别人的内心，对外界事物的变化更敏感。

四是动态适应原则。在确定学生干部职务后，不应固定不变，而应当根据其发展情况，给予职务晋升、岗位交流等机会，使其处于一个动态发展的过程。每个学生干部的知识、性格、才能不尽相同，随着时间的推移、各项工作的开展，不仅各职位的要求在不断发生变化，学生干部的能力和素质也在不断变化。因此，学生工作队伍应当是一个动态管理过程，根据学生干部的才能和成长及时调整其职务和分工，以便使其更胜任当前的工作。

### （二）选拔流程

#### 1. 高校学生工作教师选拔流程

在高校进行学生工作岗位教师的选拔时，往往按照笔试、面试、考察、心理测试等程序，严把学生工作教师选聘的业务关、能力关、政审关和心理测试关，从源头上保证学生工作教师队伍的质量。在进行选拔时，往往按照以下流程进行：第一，确定空缺职位，进行工作分析，制定出工作说明书和职位说明书，规定应聘者的职位条件和能力。第二，进行申请者的资格审查。负责选拔的相关人员应尽量掌握应聘者的第一手资料，滤去不符合基本要求的人员，降低选拔过程中的工作量和干扰度。第三，确定选拔者。对不同的职位可以由不同的人员负责选拔，可以通过有效授权，委托该岗位现任者来负责，提高针对性。第四，选择适用的选拔方式，并决定录用。

#### 2. 学生干部选拔流程

高校学生工作队伍人员的选拔是一个连续性和重复性的过程，不同类型、性质、规模的学生组织有不同的选拔流程，但大体上可以分为以下几个步骤：第一，确定岗位并进行公示。根据学生工作队伍的组织结构、岗位设置等确定需要选拔学生干部的岗位，列出竞聘的对象、基本条件，选择恰当的方式传播竞聘信息。第二，参选者报名。有意向竞选并且符合条件的学生按照通知进行报名，提交报名表格。第三，初步选拔。此阶段主要是对报名表的初步筛选，根据参选人数的多少，往往有以下几种方法对报名者进行初选：根据报名表格淘汰不符合竞聘基本条件或不具备报名资格的应聘者；进行笔试，考查对学生工作基础知识和学生组织基本情况的了解；进行初步面试，考查学生工作基础知识、表达能力等。第四，最终选拔。对通过初步选拔的竞聘候选人进行最终选拔，这个阶段的选拔往往通过竞聘演讲以及民主投票的方式进行。第五，确定人选，并进行公示。对最终选拔的结果进行确认，并采用适当的方式进行公示。

### （三）选拔方式

### 1. 笔试

笔试是一种与面试对应的测试，是用以考核应聘者特定的知识、专业技术水平和文字运用能力的一种书面考试形式。这种方法可以有效地测量应聘人的基本知识、专业知识、管理知识、综合分析能力和文字表达能力等素质及能力的差异。

笔试一次能够出十几道乃至上百道试题，考试的取样较多，对知识、技能和能力的考核的信度和效度都较高，在高校学生工作管理人员招聘中具有相当大的作用。通过对应聘者进行性格测试、学生工作理论知识测试、行为风格测试等不同组合测试，可以根据预定目标和考试成绩要求，迅速从大规模的应聘者当中圈定第一轮面试者。因此，笔试花费时间少、效率高，应聘者的心理压力较小，较易发挥水平，成绩评定比较客观。

### 2. 公文筐测试

公文筐测试是指将应聘者置于特定职位或管理岗位的模拟环境中，由考官提供一批该岗位经常需要处理的文件，要求应聘者在一定的时间和规定的条件下处理完毕，并且还要以书面或口头的方式解释说明这样处理的原则和理由。考官根据被处理公文的质量、效率、轻重缓急的判断，以及工作中的表现对应聘者的分析问题能力、组织计划能力、决策能力、心理承受能力和自控力等管理才能进行评价。由于高校学生工作管理的实践性非常强，管理经验具有一定的延续性，因此，在招聘环节中，可以简化公文筐测试流程，将公文筐测试与性格测试等笔试结合起来对面试者进行考查。在测试内容上，重点是模拟学生工作场景，灵活地设置案例，如突发事件应对、人际冲突与矛盾等，以书面的形式形成案例分析报告，从而测查应聘者的问题解决与逻辑思维能力。

### 3. 面试

面试是经过组织者精心设计，在特定场景下，以考官对考生的面对面交谈与观察为主要手段，由表及里测评考生的知识、能力、经验等的一种考试活动。面试是公司挑选职工的一种重要方法。对于学工队伍选拔来说，面试给学校和应聘者提供了进行双向交流的机会，能使学校和应聘者之间相互了解，从而双方都可更准确做出聘用与否、受聘与否的决定。近些年来，随着人力资源管理理论与实践的不断发展，面试早已突破传统那种两个人面对面、一问一答的模式，呈现出丰富多彩的形式：从单独面试到集体面试，从一次性面试到分阶段面试，从非结构化面试到结构化面试，从常规面试到引入了演讲、角色扮演、案例分析、无领导小组讨论等情景面试。学校可以根据具体情况，采取行之有效的面试形式。

### 4. 民主选举法

民主选举法具有公正、透明的特点，用民主选举法，充分发扬了民主作风，公正、公平、公开。因此民主选举法常用于班级干部的选拔和学生代表大会的选举中。在班级干部选拔中，同学们之间相互熟悉，对候选人的各种情况包括组织能力、人际关系、学习成绩、工作态度等有不同侧面的了解。由于同学们信任自己选出的干部，从而有利于班级工作的展开。但是，在实践中，民主选举法也存在一些弊端。如班级中存在的小型"利益集团"，在学生干部选举中搞关系、拉选票，使一些关系强、能力弱的学生胜出，而关系弱、能力强的学生竞选失败。这样的选举缺乏有力指导和有序监督，失去了选举本身所要求的客观公正性，选举结果难以服众，不利于班级的团结和管理。

### 5. 竞聘法

竞聘法是指若干候选人就自己应聘的某一职位面向公众公开发表演说，以演讲和辩论的方式展示个人能力、才华、工作经验、工作规划等。这种方法比较透明，在学生工作队伍人员选拔中被广泛运用。它的优点在于：给每个人平等竞争的机会，使公众对所有候选人有直观的了解，对选拔过程直接监督。它的不足之处在于：竞聘法的主要形式是演讲，所以，口才成为竞聘是否成功的重要因素。口才好的候选人易博得公众好感，占据竞争优势。而一些能力强却不善于言辞的候选人处于竞争劣势。

### 6. 内部选拔法

内部选拔法就是将空缺职位首先通过多种方式在组织内部（即学校机关部处、学院、学生会、社团、班级等组织内部）予以公布，要保证信息在内部传递的最大化覆盖，同时要鼓励组织成员积极参与，可以自我推荐也可以他人推荐。比如，学生会部长的选拔可以先由各个院系推荐优秀人选组成候选人队伍，再从候选者中进行考核测评，择优录取。在组织内部进行选拔可以最大限度地发挥个人潜能，提高组织成员的学习能力和工作积极性，降低组织选拔的直接成本。内部选拔法也有一定的缺陷：选拔过程不公开，有隐蔽性，使部分组织外部成员产生不公正感，丧失参与积极性。同时，学生工作队伍人员不了解选拔出来的干部，不能产生信赖感，给日后开展工作造成一定的难度。

## 二、高校学生工作队伍的人员使用

实践证明，高校学生工作队伍用得好，就会收到事半功倍的效果；用得不好，不仅浪费人才，而且还会延误工作、影响团结稳定。因此，要对高校学生工作人员进行科学的指导、有力的监督和有效的管理激励。

### （一）使用原则

对高校学生工作队伍人员的任用分两种情况：日常性工作要用人不疑、敢于放手，同时要有效地指导；重要工作应该指导为先、过程监控，事后帮助他们总结、分析。总的来说，无论是高校学生工作教师还是学生干部，在使用时应当遵循充分信任、强化指导、人尽其才、一视同仁的原则。

### （二）使用程序

#### 1. 学生工作教师的使用程序

学生工作教师的使用往往较为复杂，一方面，要让学生工作教师在处理学生工作事务时有充分的自主性；另一方面，高校必须设立相应的管理机构，对学生工作教师的选拔、考核、培训、晋升进行全面的管理。

在高校学生工作教师的使用过程中，要充分运用激励措施，可以通过事业环境来对其进行激励，努力为其营造一个充满激情、振奋人心和劳有所值的职业发展环境，使他们对学生工作感兴趣，激发他们提高各种素质，包括创造力、领导力、团队协作能力等。

美国高校在使用其学生事务教师时非常注重激励原则，为学生事务工作者提供了行之有效的职业发展路径。一般而言，获得硕士学位是进入高校学生事务管理队伍的门槛，学生工作教师将来可以继续深造攻读博士，职业发展前景十分广阔。随着经验的累积，学生事务工作者可以获得晋升，担任更重要的职务，将来可以成为一名部门主管、学院院长、学生事务的研究生导师甚至是分管的副校长。

我国高校学生工作队伍具有中国特色，学生工作队伍统一纳入党政管理队伍，实行的是直线职能式的科层管理制，主要围绕人中心和党政中心工作，为学生提供多层次的服务和保障，从上到下职责分工明确、领导有力，与学校教学系统和组织系统紧密结合、机构简明、管理便捷。

#### 2. 学生干部的使用程序

和学生工作教师类似，对于学生干部的使用也大致按照选拔—培训—绩效考核—晋升—离职的程序。学生干部的成长需要一个周期，一般分为发现期、发展期、成熟期和衰退期，其中最佳使用期是在大二和大三期间。

对于大一的新生，往往在学生组织中担任干事，从事一些基础性的事务，处于一个学习的过程中，在这个阶段，要根据不同学生的特点进行有针对性的培养。进入大二以及大三年级，面临着选择继续留在学生组织中或者离开学生组织，对于继续培养的学生干部，可通过一定的晋升，让其承担更加重要的任务。大四学生即将离校，可根据其未来发展方向和职业生涯规划进一步使用其人力资本。

### （三）使用方式

对学生工作教师的使用，要充分发挥其专业能力作用，落实学生工作教师的监督管理作用，同时建立合理有效的管理体系和考核体系。对学生干部的使用，要积极加强学生干部在管理中的"主体"作用，让学生自我管理、自我教育，使各项工作更好地开展。可以让学生干部参加校风评比和日常管理，锻炼提高他们的综合能力，培养他们的责任意识。

# 第四节　高校学生工作的绩效管理

## 一、高校学生工作的绩效管理概述

### （一）高校学生工作绩效管理的概念

绩效管理是一个管理学范畴之内的问题，但是，随着高校学生工作科学化、纵深化、精细化水平的不断提升，学生工作管理开始逐渐借鉴管理学的方法和手段。借助绩效管理进行学生工作绩效管理和绩效考核，就是近年来高校思想政治教育工作的创新举措之一。

学生工作的绩效管理是用绩效管理的方法对学生工作进行规划和考量。它是学生工作领域发展到一定阶段的必然趋势，也是规范化、科学化管理的要求。第一，绩效管理对人才的培养有正向促进作用。科学系统的绩效管理模式能够优化学校的人才培养模式；第二，绩效管理对于学校发展有重要的提升作用。先进的绩效管理能够从侧面反映学校的管理水平。第三，绩效管理对于员工成长有帮助。绩效管理所呈现的结果能够更全面立体地反映个人的工作效果。因此，以绩效管理结果对照自身工作能够更好地提升个人工作水平。以往简单的"德、能、勤、绩"考评体系中，各个概念的界定比较模糊，没有明晰的标准。因此，在原有体系下的考核结果也会与实际有所偏差。而绩效管理侧重管理的过程，用绩效作为考评指标只是绩效管理的一部分，关注过程的绩效管理可以带动整个高校学生工作管理的全面发展。通过提升绩效管理水平来提升每位学生工作管理者的工作绩效，进而提升学生工作的整体绩效。

### （二）高校学生工作绩效管理的意义

绩效管理，对于提升高校学生工作水平具有重要意义。一是促进高校人才培养，推进高校教育改革与发展。绩效管理的科学性使得高校人才培养水平进一步提高。因此，绩效管理可以侧面推进高校教育改革与发展。二是满足专职学生工作管理者的职业化、专业化、专家化发展要求。专职学生工作者的学术水平偏低、事务性工作烦琐等都影响了学生工作整体绩效的发挥。因此，要打造一支职业化、专业化、专家化的学生工作管理者队伍，必须构建科学的绩效管理机制。只有学生工作者的工作水平和自身素质提升了，才能从根本上对高校学生工作管理产生积极的影响。三是把握高校学生工作管理层的正确决策。对学生工作者实施绩效管理能够通过学生工作者的工作情况比较科学全面地了解整个学生工作管理领域的现状，从而在进行决策时有的放矢、对症下药，对工作的方向、难度、量值、侧重有所把握。四是指导学生工作管理的发展方向。高校通过绩效管理的方式对学生工作进行指导是非常有效的方式之一。

根据绩效考核的情况，结合绩效管理的结果，对学生工作者和学生工作进行方向上的指引，对于提高整体工作水平、鼓舞学生工作者士气具有重要意义。五是能够促进组织和个人绩效的提升。绩效管理通过一系列指标体系建设，为学生工作者明确了努力的方向。同时，管理者通过绩效辅导等绩效管理必要环节能够及时发现学生工作管理过程中存在的问题，并加以改进。另外，通过绩效考核等环节，绩效管理能带给学生工作者相对客观和科学的评价，奖优惩差，提升整体工作水平和工作氛围。绩效管理还能够遴选出在学生工作管理方面表现优秀的人才，促进组织绩效和个人绩效的全面提升。六是能够促进管理流程和业务流程优化。除了针对个人的约束和激励，对整个工作的流程也能有所把握和引导。一项工作或者一个活动，由谁组织、有哪些环节、怎样总结等方面都能够通过绩效管理更加明晰。七是保证组织战略目标的实现。高校学生工作管理具有清晰的发展规划和明确的发展思路，它可以依靠绩效管理的理念对自身定位、发展方向、战略决策等各个宏观方面进行指导。

## 二、高校学生工作的绩效管理方法

目前国际国内常用的绩效管理方法多样化，根据组织的性质、规模、发展阶段等不同可以分为关键事件法、目标管理法、360度考核法、平衡计分卡等。高校学生工作不同于一般企业，因此，在借鉴和引用绩效管理方法时不能一味照搬，而应该根据特点和发展状况选择合适自身的绩效管理方法。

### （一）关键事件法

关键事件法是向工作者询问一些问题以了解其是否具有解决关键事件所需能力和素质，还可以让工作者进行重要性评价的一种收集职务信息的方法，称关键事件法。在高校学生工作领域，关键事件法适用于评价某一特定事件或突发事件在处理中的绩效全过程。

### （二）目标管理法

目标管理是美国管理大师德鲁克提出的，目标管理法就是指由下级与上司共同决定具体的绩效目标，并且定期检查目标完成进展情况的一种管理方式。由此而产生的奖励或处罚则根据目标的完成情况来确定。目标管理法关注定性的考核，因此，比较适用于旧式的高校学生工作管理；但是，当前高校学生工作管理趋于量化范畴，因此，尚且无法全面考量学生工作管理绩效。

### （三）360度考核法

360度考核法又称为全方位考核法，最早被英特尔公司提出并加以实施运用，是指由上司、同事、员工自己甚至顾客等不同主体从全方位的各个角度来了解个人的工作绩效。高校学生工作者接触的层面比较广泛，除了本系统的同事、领导、下属之外还有学生，因此，360考核法能够比较立体综合地考核学生工作管理的绩效。但是，由于所处角度等限制，

360度考核法无法绝对客观地评价学生工作管理绩效,因此,需要其他绩效管理方法的辅助。

### （四）平衡积分卡

平衡计分卡是从财务、客户、内部运营学习与成长四个角度,将组织的战略落实为可操作的衡量指标和目标值的一种新型绩效管理体系。它主要关注的是组织本身而非个人,因此,与高校学生工作管理的关注层面相似。但是,平衡计分卡在管理学中的应用偏重于组织战略的制定而非绩效管理,因此,要与其他绩效管理方法协调使用。

### （五）院系学生工作考评

学校从领导重视、办公条件、人员配备、学生工作实践院系、任务完成、就业率、党员比例等方面,设计一套完整的考评体系,学生工作考评通常安排在年终,邀请组织部、人事处、教务处、研究生院、后勤处相关部门和学生工作相关部门一起,对各个院系的学生工作态度、效果、水平等方面进行系统而全面的评估。通过考评,各院系可以明确看到自身优劣势和其他院系在工作中的亮点,从而进一步完善自身。

## 三、高校学生工作的绩效管理系统

绩效管理系统的实质是一个完整的绩效管理动态过程。它包括绩效实施计划、动态发展的绩效沟通、绩效评价、绩效诊断与辅导、再计划几个步骤。

对学生工作而言,绩效管理可以运用于对院系学生工作的评估,对党员干部、学生干部的考核,也可以运用于对大型活动的全程监测和对某项常规工作模块的综合评价、学生党团组织和学生社团组织的评级评优等。在高校中,基本上以院系为主体开展学生工作,下面以某院系层面学生工作为例,说明绩效管理系统的实施流程。

学生工作部门可以根据学生实际情况制定《学院学生工作绩效管理制度》,设立对院系学生工作的评估内容和标准。一旦标准制定,每个学院的学生工作情况都以此作为评估依据。但是,标准不是一成不变的,当遇到一些客观原因或特殊情况使绩效评估标准与实际工作状态和普遍工作水平不相符的时候,就需要对原有的《学院学生工作绩效管理制度》进行修改。在完成一个考核期的工作后,根据拟使用的绩效评估方法对学生工作进行评价,并对结果进行分析,至此,绩效考核部分已经完成。但是,作为整个绩效管理体系,考核结果必须指导实践工作才能体现其价值。因此,要针对考核结果和分析数据与被考核者进行沟通,帮助他们找到工作中的弱点,更好地完善提高。绩效管理的最后一个环节就是针对学院工作现状制订新一阶段的绩效计划,可以说,这也是新一阶段绩效管理的第一个环节。

### （一）绩效计划

每个新学期,学校层面要公布工作思路、计划要点和重点工作等。每个有学生的院（系、所）都要根据学校的整体计划,在院系实际运行情况和发展态势的基础上制订新一个工作周期的工作计划。其中，每个工作计划都要从绩效的角度进行深层解读和重新规划。对每个院系而言，工作绩效计划包括组织活动和参与活动的情况、日常管理情况、工作创意和工作亮点以及对学校的贡献，等等。简言之，对院系的绩效评价标准既要注重工作数量，也要注重工作态度，更要注重工作效果，因此，在绩效计划的制订时就要体现这一点。

### （二）动态持续的绩效沟通

沟通对学校和院系工作而言是一个长效机制。因此，沟通本身就是动态而持续的。在工作中学校学生工作部门和院系要及时、持续分享和工作绩效有关的信息，如工作进展情况、在工作中暴露的问题以及拟解决的办法等，是动态持续的绩效沟通的主要组成部分。通过进行动态持续的绩效沟通，院系能够及时进行工作方向和状态上的调整，这对他们绩效的促进和提高是有很大帮助的。

### （三）绩效评价

绩效评价是整个绩效管理体系的核心，也是众多类别绩效管理手段和绩效系统不可或缺的一个环节。换言之，即使是最不完善的绩效管理系统，绩效评价也是重中之重。绝大多数高校都会有一套针对院系的考核办法，在学期末或一个绩效周期结束时对院系进行考量。一般来讲，对院系进行考核可以有很多种不同的载体，如院系学生工作负责人述职、学生评价、民主评议等，在考核形式上多数采用的是打分制，也有等级制的考核形式。值得注意的是，绩效评价只是整个绩效管理系统中普通的一个环节，需要依托其他各个环节的完善才能产生。因此，没有绩效计划，绩效评价就没有参考值；没有动态持续的绩效沟通，绩效评价就不贴合实际；没有绩效诊断与辅导，没有再计划，绩效评价就失去了意义和价值。

### （四）绩效诊断与辅导

绩效诊断与辅导使得整个绩效管理系统具备了可参考的价值和意义，因为它是在客观真实评价基础上的对院系学生工作的总结和判断，让院系能够在进行下一阶段的工作之前对自己的工作有一个清晰的认识，同时也是对未来学生工作的规划和期望。绩效诊断与辅导让院系不至于一味地盲目工作，而是会停下来进行反思、回顾和总结，因此，它是绩效管理系统的必要环节。

### （五）再计划

再计划可以看作是新一轮绩效管理周期的第一个环节。再计划是根据上一轮绩效管理周期的情况进行规划的。这种建立在实际情况基础上的再计划更具针对性和实际意义，对工作也更有指导价值。

# 第五章　高校学生就业指导工作管理

## 第一节　职业生涯规划及其基本理论

### 一、我国大学生就业的社会发展形势分析

#### （一）社会整体劳动就业供求矛盾突出

近年来，我国社会整体劳动力供给呈现出城镇新增劳动力就业规模大、农村劳动力转移规模大、下岗失业人员再就业规模大、劳动就业人口总量规模大的特点。以 2009 年为例，全年城镇需要就业的人员总数超过 2400 万，如果按照 8％的经济增长速度测算，全年能够提供的新增就业岗位总数仅约为 1200 万个，供求缺口达到 1200 万个以上。另外中国的劳动力市场还面临来自约 1400 万国企下岗失业人员和 1.5 亿农村富余劳力的巨大压力。所以，城镇新增劳动力就业、农村劳动力转移和下岗失业人员无形中加剧了城市劳动力市场供大于求的紧张态势，给大学生就业带来了极为不利的影响。[1]

#### （二）专业方向影响就业

校园招聘的雇主们招聘最多的职位前三类分别是销售、客户服务、金融／投资等。而在专业选择上，企业职位需求量最大的专业集中在财务／金融、管理贸易、通信电子、计算机科学／网络、机电／自动化。在理工科类大学，招聘职位多来自计算机软件、工程建设和汽车零配件行业，在偏文科的综合大学，雇主也多来自快速消费品、金融／投资和互联网行业。从数据上看，理工科的学生就业率更高。

校园招聘的雇主们招聘最多的职能前三分别是销售、客户服务、金融／投资等。而在专业选择上，企业职位需求量最大的专业集中在财务／金融，管理贸易、通信电子、计算机科学／网络、机电／自动化。在理工科类大学，招聘职位多来自计算机软件、工程建设和汽车零配件行业，在偏文科的综合大学，雇主也多来自快速消费品、金融／投资和互联网行业。从数据上看，理工科的学生就业率更高。

---

[1] 万志全，杨秀英，吕偶然 . 大学生心理健康 [M]. 沈阳：东北财经大学出版社，2016.

## （三）大学毕业生总体就业情况欠佳

近几年，我国大学毕业生人数持续大幅度增加，平均增长速度在每年 50 万人以上。

（1）2010 年，全国普通高校毕业生人数达 631 万。

（2）2011 年，全国高校毕业生人数达 660 万。

（3）2012 年，全国普通高校毕业生人数达 680 万。

（4）2013 年，全国高校毕业生人数达 699 万，被称为最难就业年。

（5）2014 年，全国高校毕业生的数量达到 727 万，又增加了 28 万，可谓更难就业年。

（6）2015 年，全国高校毕业生的数量达到 749 万。

（7）2016 年，全国高校毕业生的数量达到 765 万。

（8）2017 年，全国高校毕业生的数量达到 795 万。

（9）2018 年，全国高校毕业生的数量达到 820 万。

（10）2019 年，全国高校毕业生的数量达到 834 万。

（11）2020 年，全国高校毕业生的数量达到 874 万。

（12）2021 年，全国高校毕业生的数量达到 909 万。

（13）2022 年，全国高校毕业生的数量高达 1076 万，突破了 1000 万大关。

与此相反的是大学生总体就业率出现下降。从 2001 年开始，我国高校毕业生就业率基本上在 75% 左右。2008 年、2009 年全国毕业生就业率降至 68%。从 2007 年起，我国每年都有超过 100 万大学毕业生未能实现就业，并且待业人数逐年增加。这些都表明，随着我国大学生毕业人数的逐年增加，大学生就业供需矛盾更加突出，大学生就业压力进一步增大，大学生就业已经成为全社会重点关注的问题。

随着高校毕业生人数的不断增加，专业和社会需求的严重不对口，就业形势不容乐观，高校毕业生人数正以一个高速增长的态势激增，待业人数也只增不减，更反映出了在现阶段毕业生就业形势严峻已成为一个不争的事实，毕业生将面临更多更大的挑战和竞争。

尽管大学生就业的总体形势严峻，但是我们也不要悲观，应该看到不利之中还有许多有利因素：我国经济发展态势良好，为毕业生提供了较好的就业环境。虽然国际经济环境不景气给我国经济造成严重的冲击和影响，但由于我国政府采取了拉动内需、产业结构调整、国企改革等积极而行之有效的经济政策，使我国经济能够连续多年实现平稳快速增长，良好的国内经济环境为毕业生就业创造了许多有利的条件。

高校就业指导工作不断加强，学生的就业心态越来越好。经过多年的改革发展，毕业生就业工作在学校越来越受到重视，就业指导机构普遍得到充实和加强。以高校为基础的各种形式、不同规模的就业市场活动日趋规范，受到毕业生和用人单位的普遍欢迎。一方面，高校积极为毕业生开展就业指导，为毕业生就业创造条件；另一方面，大多数毕业生能够认清形势，调整心态，及时转变观念，不断提高谋职、就业能力。

毕业生的综合素质不断提高将有助于顺利就业。近年来，各高校努力提高教学质量，加强大学生综合素质培训，使大学生素质有了明显的提高，其中大学生的心理素质、择业观念、自我推销能力、创造能力有了显著进步，这些都为大学生就业提供了有利条件。

## 二、大学生就业管理的原则

### （一）适应时代竞争机制原则

我国在总结经济建设正反两方面的经验教训和经济建设的客观规律的基础上，及时调整了经济体制，从计划经济转变为社会主义市场经济，这种经济体制的变化，带来了人才使用的市场性，过去靠张文凭吃饭、凭关系生存的模式在改革开放的不断深入中逐渐得到了改变。这种新的形势，给每个人敲响了警钟，要有合适的工作，要有富裕的生活，要能实现自己的社会价值，就要抓住时机，全面地培养自己的素质，掌握真才实学，以适应这种形势的需要。大学时代是国家提供的最好的时机，是个人努力成才的最佳时机。

当今大学生要努力塑造自己成为创造型、开拓型的社会主义建设人才。这类人才的最大特点，就是思想解放、目光敏锐、勤于探索、不断进取、不尚空谈、注重实际、激流勇进、百折不挠。只有这样的人才，才能适应改革开放新形势下的竞争环境。因此，大学生成才设计，要努力在培养创造能力上下功夫，尤其要重视应变能力的培养。也就是说，要求大学生由封闭型转变为开放型。开放型的人才既要善于吸取世界先进科学技术为我所用，还要根据世界技术革命发展趋势，及时更新自己的知识结构，否则就没有竞争能力。

### （二）事业创造性原则

大学生是未来事业的创造者，为打好良好的创造基础，在校期间，培养对专业的兴趣和爱好是十分重要的。要培养创造性的学习方法，创造性的学习方法是创造力的重要内容之一。能力是在知识基础上形成的，它表现出探索性和求新性，大学生要培养自己的探索精神和求新精神，尤其重要的是要重视在创造性学习方法上狠下功夫。大学与中学不同，中学生学习主要依赖老师。大学生学习，更高的要求是独立性和创造性。在内容上看，大学生学习内容骤然增加，一般大学生在校期间要学习二三十门课程，不仅学习前人的知识、获得新的知识，还要培养能力。因此，培养大学生创造性的学习方法，独立地获取知识，具有相当重要的现实意义。

## 三、大学生就业管理的意义

人们去工作，从客观上来看是为了维持社会系统运转而从事的一项活动，从主观上来看不外乎为了满足物质的和心理的两种需要。物质需要包括为维持生计所不可缺少的衣、食、住、行等基本需要，心理需要则包括除了温饱外的一些更高层次的需要如维护和充实自我，体现自身的价值，实现某种理想，等等。大部分人去工作是为了同时满足这双重的需要。在经济发达的社会中，维持生计常常只是工作的一个附带（尽管是必不可少的）目的，更重要的往往是为了满足个体心理上的需要。

每一个人都希望能维护自身的尊严，能被他人和社会所接受、赞赏和尊重。追求出类拔萃已成为人类的基本心理需要之一。在现代人看来，高成就是提高个人地位的基础，而且是自尊心的核心。因此对许多人而言，工作就成了改善人的地位和自尊的最重要的来源。每一职业都将它的挑战和奖赏提供给高成就者。如果一个人在日常工作中受到挑战和奖赏，他会感到自己是幸运的，他的职业选择是明智的，并会继续以极大的热情和创造性去完成他的工作；如果一个人在工作中不能获得成就，不能得到奖赏，这项工作对他就失去了心理上的意义。尽管不影响生计，他还是会感到精神压抑，希望更换职业，以期能够充满活力地生活。研究显示，从事能够带来乐趣、激奋和尊严的工作有利于人的长寿；如果长时期不得不从事毫无乐趣、使人厌倦的工作则很容易导致人的身体和心理上的疾患。

### （一）有助于大学生职业的选择

择业是整个人生历程中一个至关重要的选择。对一名大学生而言，当受到种种因素的限制（如父母的意愿、所学的专业、身体的条件等）而可供选择的机会不多时，面临的主要问题就是职业上的适应。当选择的余地很大时，则须考虑到影响自己做出选择的众多因素，并充分利用科学所能提供的一切帮助来完成这个抉择。可能影响大学生择业的常见因素如下：

兴趣。对多数大学生来说，对某种职业感兴趣往往是择业的一个重要条件。一般说来，只有对自己从事的职业有浓厚的兴趣，才会迷恋其中，发挥自己在这方面的才能，才会具备克服困难的决心和毅力去努力做出成就，并从中获得满足。但是如果把兴趣作为择业的首要条件，也可能失之偏颇，因为在并不复杂的生活经历中做过的事情不会很多，而人对于自己没有做过的事并不能准确地判断自己是否对其感兴趣。只要在从事的工作中找到乐趣，那就不难获得成功。[①]

能力。包括智力和一些特殊的能力。一些学术性、技术性强的工作需要较高的智力；一些比较特殊的职业需要一些特殊的能力。如建筑师要有较强的空间认知能力，会计师要有较强的算数能力；指头灵敏度不强的人不宜做牙科医生，颜色辨别能力较差的人不宜做工艺美术、服装设计等工作。如果选择的职业与能力相匹配，在日后的工作中就不会有太大的压力，也就比较容易出成绩；如果所选择的职业与能力不相匹配，即使再感兴趣也难取得突出的成就。

人格特征。些职业对心理健康状况的要求比较高，如心理工作者、社会工作者、精神科医生等。有些职业需要特定的气质和性格方面的特征，如管理人员需要独立性、果断性、支配性较强；外交人员要兴奋性偏低、沉着、反应快；飞行员要灵活性大、耐受性强、勇

---

① 钱贵江.当代大学生管理新论 [M].苏州：苏州大学出版社，2006.

敢、沉着；等等。一个人的心理状况与他的成长背景、人格背景有密切的关系，而气质、性格方面的特征又是相当稳定的，人不可能随心所欲地按照客观环境的需要去改变它们。因此，如果在择业的时候忽略了这方面的条件，所选的职业与人格特征不相匹配，就将给职业适应带来极大的困难。

价值观。每种职业都有其社会价值、经济价值和心理价值。职业的社会价值常随社会环境的改变而改变，职业的经济价值常用收入水平及一些潜在的经济利益来衡量，职业的心理价值则因人而异。职业的这几种价值在每个人心中的权重是不一样的。有人注重职业的社会价值，宁可放弃外资企业中的高薪职位而去做政府公务员；有人只注重职业的经济价值，只要高收入，其他都不重要；有人则更注重职业的心理价值，他选择医生这个职业可能仅仅是为了它是一个救死扶伤的崇高职业。

在择业过程中，若希望这三种价值都让人满意，恐怕很困难，所以必须有所取舍。

工作环境。包括工作场所的条件和有无升职的机会。工作场所的条件已逐渐成为都市人择业的一个重要因素。如大公司的办公室文员，工作内容单调、枯燥，收入水平一般，但工作场所清洁、舒适，因此被许多学文科的女大学生看好；而如航海、地质等野外作业的职业则少有人问津。另外，不管是从事技术性工作，还是行政、管理性工作都希望有升职的机会，如获知升职的可能性不大，这个职业就对许多大学生失去了吸引力。

所学专业。在我国过去的大学生就业制度中，所学的专业与从事的职业有直接的关系。随着市场经济的发展，用人单位更加注重人的综合能力而不再仅仅是专业是否对口，跨专业、跨行业就业已不再是新鲜事。

职业信息。随着计算机技术应用的日益广泛，人们在传播和获取信息方面也越来越方便、快捷。在择业过程中充分了解就业市场供需情况的总体信息和具体职位的分布情况将为人们做出合适的选择提供帮助。

职业选择是每一个人自己的特权，不少大学生在面临择业时感到茫然、混乱，还会有一种不安全感。大学生择业时面临着一次挑战和决策，出现不安全感是正常的心理反应，重要的是选择解除不安全感的方式。

如果他避免做出任何努力而运用种种心理防御机制来解除不安全感（如对自己说：别着急，车到山前必有路）。如果他求助于他的师长、朋友，让他们来为他做出决定，也就是将解决问题的责任推给他人，那么他是不成熟的，这种解决方式称依赖安全感。如果他就择业问题请教了师长、朋友后做出了自己的选择，并担负起责任，他就表现了独立安全感，这是对人的成长最有帮助的方式。

心理学家认为，一次职业选择可以在任何一种建设性的基础上做出。一旦做出决定，你就去虔诚地追求它，无论遇到什么困难还是感到满足，都当成分内之事来接受。也就是坚持把你自身的存在和生命的责任感与这一决定的后果联系起来，那么你在生活的职业领域中就实现了独立安全感，你的这个决定就是健康的。

### （二）有助于大学生职业的改变

有意义的工作对人的躯体和心理健康至关重要。常可看到一个人从毕生从事的职业中退休后很快就退化、消沉，甚至死亡。另外，也可看到对工作不满和感到压抑的人更容易患心脏疾病、消化道溃疡及其他疾病。

一旦一个人对他的工作失去乐趣，感到厌倦，这项工作对他就失去了意义，转而成为一种束缚、一种负担。长此以往，必然发生心理上的危机。此时，更换工作可能是一种最好的选择。心理学家认为对职业的选择并不一定是毕生都要坚持的，只要变动是负责任的，就是有益的。

职业的改变是又一次职业的选择，第二次选择与第一次会有很大的不同，会遇到一些很难逾越的障碍。最常见的障碍是自身的惰性与畏惧和他人的期望。

惰性与畏惧。一个人尽管对自己的工作十分不满，他可能还是会继续干下去，因为他懒得变动、害怕变动。他习惯于、熟悉于目前这种环境。如果要重找职业，就将面临许多未知的挑战和困境，这使他感到畏惧。他还可能害怕更换了工作后情况不会比现在更好。

他人的期望。一个人常会因为家庭中其他成员的阻拦而放弃改变工作。未婚时是父母的阻拦，婚后则是配偶的阻拦最具约束力。家人们的愿望是美好的，因为旁人常常期望一个人继续像过去他们所了解的那样，这种期望就常使一个人继续留在令他感到失望的工作中。

更换工作往往比第一次选择职业需要更多的勇气，因为他不仅要面对职业的选择，还要面对自身的畏惧和旁人的不满。

# 第二节　大学生的职业价值观探索

## 一、大学生择业观的转变

我们在对毕业生的心态测试与咨询中发现，伴随着国家政治经济形势的变化以及毕业生就业制度的改革，大学生在择业手段、方向、内容、性质等多方面都在悄然变化。这些变化体现在择业观混杂在一起，既有符合改革潮流与社会需要的良好趋势，又有同社会发展进步的方向不相一致之处。为引导大学生树立正确的择业观，有必要对大学生择业观转变的原因、方向及择业观转变带来的喜与忧三方面进行客观的分析。

## （一）择业观转变的原因

任何事物的发展变化，都有其产生的根源，择业观当然不会例外。择业观是指大学生在职业选择上的种种心态，是大学生自我价值取向在就业选择领域内的表现形式。由于大学生的价值取向必然要受到社会政治、经济、文化等多种因素的影响，因此大学生的择业观不能不带有明显的时代特征。择业观的转变，要归结到大学生价值取向和择业领域的转变，而这种转变又来源于一定时期国家政治经济形势、科教改革等多方面的变化。

近几年，我国政治体制改革的步子不断加快，党政机关的分与合，冗员裁减，干部考核、兴办实体等种种措施相继推出。经济体制的改革，应是择业观改变的一个最主要的原因，它着重影响着大学生的价值取向。在经济领域，从统购、包销的计划管理到有计划的社会主义商品经济，直到今天的社会主义市场经济这一大幅度的跨步中，学生的思想意识与价值取向不会不受到冲击，大学生择业方面考虑的因素，是综合的、多侧面的，他们对地理位置、工作性质、发展前景、经济收入等因素，加以综合比较，方会做出选择。

## （二）择业观转变的方向

大学毕业生期望自己的第一份工作能够达到理想状态，这就是希求一步到位的心理。大学生在进行职业选择的时候，由于社会阅历、年龄等限制，对于职业生涯的规律只知其一、不知其二，他们的挑选缺乏客观依据，具有片面性。有的学生受到传统观念的影响，将第一次就业看得非常重，认为这将决定自己的一生，而没有意识到新的择业观正在进入人的头脑，每个人都有很多次重新选择职业的机会。面对竞争激烈的人才市场，大学毕业生在选择职业时，应把握好每一次应聘机会，客观合理地确定自己的职业发展计划，只有这样才能不断地靠近自己设定的理想目标。

很多大学生在求职择业的过程中，不仅有着求名心理，还有着趋热、求大的心理。比如，如今考公务员和事业单位是很多大学生毕业后的首要选择，因为公务员和事业单位的职位是大家眼里公认的铁饭碗，稳定、清闲、福利高，在家人的鼓励下，大学生们争相报考公务员和事业单位。而公务员和事业单位的录取名额有限，又有很多大学生退而求其次，选择竞聘大企业的热门职位或进入当下最流行的行业，比如，有的大学生羡慕网络主播们的高薪，毕业后选择进入直播行业。有的大学生毕业后又重新学起了编程，就是为之后应聘大厂程序员做准备。这种情况下，一些冷门职业尽管急需大批人才，却无人问津。实际上，大学生在求职择业时，一定要根据自己的现实情况去做选择，只有这样，才能避免走很多弯路。

## （三）择业观转变的喜与忧

新的择业观产生的实际效果如何？从宏观上分析，一方面令人高兴，另一方面也不能简单地乐观，喜忧参半。

## 1. 喜的方面

第一，新的择业观明显表明，多数同学倾向务实不务虚，学生的就业愿望出现多极化，趋大趋热并不是所有学生的择业选择。

第二，新的择业观对人才的成长是十分有利的。新的择业环境，使学生的自主择业意识成为现实，学生可以根据自己的爱好和特长选择适合于自己的工作，这对人才的成长很有利；从事适合自己特点的工作，更有利于施展自己的才华，才能更加努力，不断开拓创新，自然更容易出成绩，而且在一定程度上避免了由情绪问题影响工作而造成的人才浪费。

## 2. 忧的方面

第一，新的择业观干扰了高校正常教学秩序，学生对专业认识的淡化及择业手段的变化，影响学生在校的专业学习。

第二，择业追求的"短期效应"行为加剧了人才的不合理流向。由于一部分毕业生把生活理想放到高于一切的地位，过于追求高待遇导致一些冷门工作岗位无人问津，这势必加剧人才流向的不合理性。有人才、条件好、有发展前途的单位容易引进大学生，而条件差又亟须引进人才的地区却引不进来人才，这确实令人担忧。

## 二、大学生应具有健康的就业心理

### （一）大学生就业过程中所存在的心理误区

职业是人的一生赖以生存和发展的手段之一，是实现人生理想的阶梯；择业是大学生人生的一次重要选择，也是对大学生综合素质，特别是心理素质的一次检验。大学生在求职择业过程中，由于心理矛盾的扭结和沉积，往往会产生一些心理误区和心理障碍。

### 1. 过度孤傲

孤傲心理是缺乏客观自我分析与自我评价的表现。性格孤傲的人对于自己的评价往往过高，总是与现实有着不小的差距。在就业中他们总是眼高手低，不愿意做基础的工作，一旦受挫就沉浸在幻想中，以此逃避现实生活。

有的大学生之所以产生孤傲的心理，是因为他们确实在很多方面都有着过人的优势。比如毕业于名牌大学，平时学习成绩很不错，在一些比赛中获得过傲人的名次，等等。可是，一旦我们离开大学，进入社会后，一切都将重新洗牌、重新开始。过往那些优势固然能成为你的敲门砖，但一味固守以往的荣誉，不愿意脚踏实地地面对现实生活，就会一而再、再而三地受挫。有句老话说得好，人必须有傲骨，但不可有傲气，人必须有自信，但不可盲目自信。大学生不应把自己的胃口吊得过高，瞧不上这家公司，瞧不上那个职位，东挑西拣，最后只会白白延误就业的好时机。唯有一步一个脚印，才能走向美好的未来。

### 2. 过于急躁

很多大学生做事都过于急躁，这也为后面的就业埋下了很多隐患。比如，有的大学生刚刚和一家企业接触，他明明对这家企业的了解不够多，对这家企业所提供的岗位职责和技能要求都不太清楚，可一旦对方抛来橄榄枝就急切地和对方签约，等到发现自己的判断有误时，虽然后悔莫及却也无济于事。在进行职业选择时，最忌讳的就是急躁心理，这是一种不良心境，只会干扰我们的判断。而性格过于急躁的大学生一般自控力较差，很难抵抗来自方方面面的诱惑。记住，过于急躁只会导致事倍功半，甚至事与愿违，唯有沉着应对，才能立于不败之地。

### 3. 盲从攀比

就业工作中，由于每个人社会关系、生活环境、家庭背景，性格、能力、爱好以及碰到的机遇等不尽相同，因此，在择业目标、职业选择上不具有可比性。但是，大学生作为青年人虚荣心较强，所以也容易出现攀比心理。在求职择业过程中，他们往往会忽视自身的特点，对自我缺乏客观正确的分析，不从自身实际出发，不考虑所选单位是否适合自己，而是盲目攀比。一些学生还在求职过程中讲级别，觉得在校期间自己成绩比别人好、荣誉比别人多，或者官职比别人大，理所当然工作也应比别人好，在种种攀比心理的驱使下，待遇不好的不去，工作地域不好的不去，结果耽误了最佳的求职时间，使自己错过了许多择业的机会。

### 4. 优柔寡断

职业的选择往往也是对机遇的一种把握，错过机遇，你将会与成功失之交臂。当断不断、患得患失，这山望着那山高，这也是导致许多毕业生陷入择业误区的心理障碍。

### （二）大学生职场适应性心理调适

### 1. 树立自信

大学生初入职场，会因为工作经验的不足很多事情都不能做到尽善尽美，还有可能犯一些小的错误，这对于职场新人来说是较为普遍的现象，只要能吸取教训，在同事和前辈的帮助下，不断完善，很快就能独当一面，大学生要对自己的新的职场生活充满自信。

### 2. 自理自立

学生时期，大学生整日与自己熟悉的老师、同学在一起，生活随心所欲、轻松自在，经济上靠父母资助，生活上有学校管理、学业上有教师指导、情感上有同学沟通，从熟悉的学生环境到陌生的职场,面对陌生的同事、还有可能陌生的城市，会产生心理上的孤独感、失落感，尤其是在下班之后，更多的时间是独处，无论是生活上还是情感寄托上，都需要大学生自己去适应与调节心理层面上可能产生的孤独、空虚、失落、不知所措、茫然等。

大学生进入职场，独自打拼，必然要经过心理独立的自我建设，这就需要大学生学会自我心理调节，从心理上要尽快独立自主起来，并应尽快适应新的环境，尽快学会与同事们和谐融洽相处，培养自己独自做事、独自生活的自理和自立能力。

### 3. 增强职业角色意识

大学毕业生踏上工作岗位之后，要能够结合现实环境来调整自己的期望和目标。入职之初，很多大学生跳槽频繁，这与大学生事先对新岗位的估计不足、不切实际有关，他们对自己的职业角色没有一个完全的认知，不能真正了解自己能做什么、该往哪个方向发展，在职场中与新环境格格不入，有些事情不敢做主或推给同事、领导，有些事情擅自做主，不能明确自己所担任的工作角色、工作性质、职责范围、职权义务等，对此，大学生在工作中应该增强职业角色意识，尽心尽力去扮演好自己的职场角色，尽快融入新的工作环境。

## 三、大学生应树立正确的就业观

大学生在毕业择业的过程中，应端正思想，树立正确的就业观，主要包括正视现实、勇于竞争、不怕挫折、放眼未来等方面，把个人意愿同社会需求有机结合起来，强化竞争意识，清醒地分析自己的优势和劣势，把握住择业过程中每一个有利条件和机会。

### （一）正视现实

正视现实包括两方面的内容，即正视社会和正视自身。

### 1. 正视社会

大学毕业生面临的社会现实既有有利的一面，也有不利的一面。我国目前生产力还比较落后，社会为大学生提供的优质岗位有限；供需不平衡，边远地区、艰苦行业、基层和第一线急需人才；另外，我国的毕业生就业市场还不规范，需要进一步完善和健全，不正之风还有机可乘；用人单位自主权扩大，对大学生要求更加严格。大学生应该面对这些客观现实，一切从实际出发，处理好理想和现实的关系，那种脱离社会、脱离现实、好高骛远、凭空臆想的做法都是不正确的；逃避社会、回避现实的想法更不可取。[①]

### 2. 正视自身

常言道：知人为聪，知己为明；知人不易，知己更难。一个不能正确认识自己的人，又怎能把主观愿望和客观条件有机结合起来，从而选择正确的目标呢？正视自己，首先要对自己有充分的、全面的认识和客观的评价，诸如思想表现、专业学习状况、性格、兴趣、能力、心理等方面，这样在择业时才可做到知己知彼，有助于选择一份理想的、适合自己的职业。

### （二）不怕挫折

求职择业过程中挫折在所难免，遇到挫折，大学生们要认真分析失败的原因，是主观努力不够还是客观条件要求太高，找出原因，以利于再度求职。同时，遇到挫折要保持健康的心理，心理健康的人，勇于向挫折挑战，百折不挠；心理不健康的人知难而退，一蹶

① 李志凯. 大学生心理健康 [M]. 成都：电子科技大学出版社，2017.

不振，甚至精神崩溃。大学生择业时应正确面对困难和挫折，保持健康、稳定的心理，采取积极进取的态度吸取失败的教训，开创成功的未来。

# 第三节　大学生创新创业常识指导

## 一、创业的内涵

### （一）创业的概念

创业是指拥有一定的知识、技能和资源的创业者把握住一定的机会创造新企业，从而能够为消费者提供产品和服务，能够为社会创造出财富和价值，做出一定贡献的过程。

### （二）创业的特点

创业具有显著的特征，概括来说主要包括以下几方面：

（1）自主性。对于创业者来说，创业也具有自主性的特点，因为在创业过程中，创业者要自主决定创业中的各项要素，如计划、资金、团队成员等，并且对于创业过程中存在的各种风险，创业者也要自主承担。

（2）社会性。创业之所以具有社会性的特点，是指创业是在一定的社会中进行的，它可能会给社会创造巨大的财富和影响。

（3）不确定性。在创业的过程中，创业者有可能会遇到各种各样的困难，这些困难都具有不确定性，不确定性越高，创业者所遇到的风险性也就越高。

（4）经济性。创业也具有经济性的特点，这主要表现在以下两方面：

第一，创业可能会为创业者带来良好的经济效益。

第二，创业会为社会提供一些就业岗位，从而为社会创造财富。

（5）开创性。对于创业者来说，创业具有开创性的特点，创业是创业者所经历的一场前所未有的事业，是一种从无到有、从小变大的过程。

（6）发展性。创业也具有发展性的特征，因为创业是一个不断发展变化的过程，创业过程中的每一项决策都有可能导致创业的不断发展。

（7）艰辛性。对于创业者来说，创业充满了艰辛，在创业过程中充满了太多的不确定因素。这些不确定因素都有可能会给创业带来风险，只有创业者具有良好的素质，才有可能取得创业的成功。

（8）风险性。在创业过程中，有很多的不确定性，比如人员、资金、决策等，这种不确定性导致创业中存在各种各样的风险。

### （三）影响大学生创业的因素

概括来说，影响大学毕业生创业的因素主要包括以下几方面：

### 1. 个人因素

将个人的性格、气质和特长与创业项目结合，会极大地提升创业成功的可能性。很多创业成功的人士都是从他们的爱好和特长出发开始创业，最终取得成功的。

### 2. 学校因素

近年来，各高校已经注意到学校教育对大学毕业生创业的影响，并推出了有针对性的措施和各种教学、训练活动，这对大学生创业起到了直接的推动作用。另外，学校的教学活动，尤其是以创新为主题的教育教学改革也在潜移默化中起到了积极作用。

### 3. 家庭因素

第一，家庭因素会对大学生的创业选择带来一定的影响，如果家庭条件好，大学生就有可能得到较多的资金和其他方面的支持，创业的欲望和动机也会比较强烈。而如果家庭条件不好，则大学生可能会考虑是否应该先就业为家庭减轻一些负担，而如果选择创业，这些大学生得到来自家庭方面的支持会比较少，大学生可能会承受更多的压力。

第二，父母的价值观对大学生的创业也会造成一定的影响，如果父母能够以平常心来看待子女的创业，对孩子的创业选择能够给予鼓励和支持，那么大学生可能会以积极的心态去处理在创业过程中遇到的各种困难和问题，创业也比较容易取得成功；而如果父母总是担心子女在创业过程中遭遇失败，对于创业的子女常常耳提面命，那么他们的子女在创业过程中可能会束手束脚，怕这怕那，遇到挫折时也不能够以积极的心态去面对，那么他们很难取得创业的成功。

### 4. 社会因素

社会因素对大学生创业的影响主要体现在两方面：

第一，政府出台的与大学生创业相关的各种优惠政策、法律保护措施以及风险投资机构提供的各项支持。

第二，大学生创业的社会舆论影响。年轻的大学毕业生从众心理较强，在行动之前往往会参考周围同学朋友对创业持有的观念，尤其愿意听取已经有创业成功或失败经历的大学生对创业的看法，然后再决定自己的行动。

## 二、大学生创业的相关准备

### （一）培养创新理念与创新教育观念

### 1. 树立创新理念

创新理念即打破常规，对现状予以突破，对未来进行挑战，以谋求创新的思维。在这里，我们主要对创新人才的培养进行探讨。因此，我们侧重讨论科学观念与以人为本的理念，尤其是以人为本理念在创新教育中非常重要。

（1）树立科学观念。树立科学观念即要求人们从凭借经验办事转向按照事物发展规律办事。以前，很多事情都是凭借经验办事，但是到了现代社会，显然这种凭借经验做事的方式与社会发展不相适应，因此这就要求人们改变传统的思维观念。一个人不管是从事实际的工作，还是在做研究工作，都应该具备科学的思维，这样才能在了解自然规律与社会发展规律的基础上展开相应的活动。

规律对事物的发展有着十分重要的作用，有的人之所以不能与工作相适应，主要是因为他还未找到适应工作的规律。有的学生虽然不存在什么特殊的情况，但是考了很多年都上不了大学，这主要是因为他还没有找到适合自己的学习规律。有的人结了婚之后不久就离婚了，反反复复，是因为他还没有适应家庭生活的规律。因此，规律在世界上无处不在，是从实践中来的。[①]

如果一个人善于从事物的规律出发对事物进行处理，那么他的生活就不会特别糟糕。这是因为他是按照科学的规律来生活。在科学的观念之下，一个人的思维更具开阔性，当他遇到困难的时候，也容易找到适合自己的方法，甚至发现新的于自己有利的东西。

在新时期，要树立辩证、全面的观念，一个人应该善于思考，善于学习科学知识，善于获取科学结果。具体来说，就是要不断学习科学的知识，敢于发现与创新，要对科技发展的最新成果与趋势有清楚的了解，探究科技发展的规律。同时，还需要坚持思考，做到理论与实践的结合，以增强自身的使命感，要对科技的前沿有清楚的了解。

（2）树立以人为本理念。以人为本是充分肯定与尊重人的主体地位，其要求人们应该以人的生命存在、人格尊严为本，推进人的个性与和谐发展，要实行人性化服务与管理。

在培养人才的学校教育中，以人为本主要是以学生为本。教育的目的就是育人，因此应该以学生作为主体。教育学原理告诉我们，培养人的活动是教育与其他事物相区别的特征，是教育的本质特色。教育活动是由一些基本要素构成的，即教育者、受教育者以及教育中采取的措施。三者都需要师生双方共同完成，因此可以将教育活动视作师生互动的过程，在这一过程中，必须将学生作为根本，将学生的积极性与主动性调动起来。

以学生为中心就是要求教育能够为每一位学生提供适合自己成长的平台，让每一位学生都能够释放自己、张扬个性，主动投入知识探索中，对知识的意义进行建构。我国教育也需要树立以人为本。

## 2. 教育观念创新

在教育创新中，教育观念是前提。如果没有教育观念的推动，并未赋予普遍的心理需求，不能勇于尝试，就不能推进教育的改革与发展。因此，教育人员需要以现代教育思想

---

① 胡佩诚. 大学生心理健康 [M]. 杭州：浙江大学出版社，2011.

作为指导，对人才培养目标与内容、培养模式与方法进行重新审视，对现有的教育观念与思想加以反思，探究新的问题与方法，从而努力探究教育改革与发展的突破点与增长点，以教育观念的转变带动教育改革的进步。具体来说，主要从如下几点努力：

（1）创新教育目标。传统的教育目标是为社会培养出合格的人才，因此教育强调共性培养。显然，在这样的教学中，学生处于被动的地位，学习的兴趣逐渐降低。因此，教育目标必须随时进行更新。现在的终极教育目标就是促进人的全面进步与发展。这种目标需要教育者对每一位学生的长处进行发现。实际上，每一位学生都有创造力，关键是教育者能否发现。

在教育实践中，不仅要明确每一位学生都是存在差异的，而且要对差异予以尊重。基于此，对学生的各种潜能进行发掘，这样才能促进学生的进步与发展。因此，在这之中，需要一个重要的手段，就是我们所谓的因材施教。这一点，最早是由孔子提出的，并被应用到教育中。

在当今社会，教育需要面向每一位独立学生，因此就必然需要因材施教，对学生的差异化、个性化予以尊重。在因材施教过程中，教育者需要抓住重要的一点，即在同一性要求的基础上，留有特殊性的余地，为个体留有充分的发展空间。

（2）创新教育模式。传统的教育存在统一的教学大纲、课程安排、教材与教法，甚至评价方式也都是统一的。这种模式如同一个模具，将学生置于模具中，才能保证出来的人才具有相同的规格。这样的人才会严重缺乏创造性。

就当前来说，社会需要创新人才，那么就必然需要对传统的教学模式加以改革。现代的高等教育主张成长教育，需要在一定条件下对学生的主体地位进行尊重，让学生能够自由、主动地进步与发展。如此，就该对模式化的教学加以改变，称为模块化的设计。例如，学校可以根据社会发展与专业建设情况，设计菜单式教学内容；学生可以从自身的兴趣与爱好出发，选择学习不同的内容模块，从自己的知识出发，对自己的能力进行发展。

另外，在课程形式上，学校要不断增加灵活性，对课堂教学的分量进行减少，保证操作性与实践性，把涉及选修课、必修课等在内的课程组合起来，建构成体系，将课内外相结合，让学生有时间与空间，从事自己的学习与工作，为学生创设个体发展的情境。

（3）创新教育的组织形式。传统教育的组织形式是以学科课堂作为基础，主要是教师在台上讲授，学生在台下听课。这样的教育组织形式对于学生的创新思维与创新能力发展显然是不利的。

因此，现代教育需要对组织形式加以变革，提倡以问题作为中心，实现跨学科的建构。这种以问题作为中心的教育形式强调学生主动参与其中，培养学生发现问题与解决问题的能力。

没有问题，就没有创新。有了问题，才能不断找寻解决问题的方式与方法，才能有创新的能力与思维。

一般情况下，那些善于提出质疑的学生，他们好奇心与求知欲更强，他们观察力与想象力更棒，他们的逻辑思维能力更为严谨。因此，教育者应该鼓励学生提出自己的质疑，让课堂变成师生之间的对话课堂。

当然，提出质疑也不是简单的，需要学生具备扎实的心理基础与科学基础，即具有广博的知识，这样才能勇于质疑与批判。为了培养学生发现问题的能力，教育者在教学中可以采用案例法、讨论法等启发式方法。

### （二）大学生创新能力的培养

#### 1. 大学生创新意识的激发

所谓创新意识，即人们考虑自身的社会与生活需要，表现出创造新事物的动机，并将自己的潜能发挥出来的一种心理取向。简单来说，创新意识即创新的动机与愿望，它们是人们展开创新活动的内在动力与出发点，是创造力的前提。

对于高校教育者而言，需要对大学生的好奇心、求知欲等进行培育，这样才能不断培养他们的创新意识。因此，高校要鼓励大学生进行质疑，并且要基于一些基本的问题提出质疑，只有不断地提出质疑，才能够不断解决大学生遇到的一系列问题，从疑问中获得知识，促进自己的进步。对于大学生而言，一定要坚持创新精神，不仅对名人予以尊重，还要提出相关问题，进行学习，在创造中获得新的进步。

众所周知，成功总是属于有准备的人，同样创业者要想创业成功，必须具备创业意识，即人们从事创业活动的强大动力，是创业活动中的个性化因素。创业意识强了，才能够克服各种困难，这样才能让创业在思想上进步。

在创业者素质系统中，创业意识属于第一子系统，即所谓的驱动系统，其主要包括创业动机、创业需要、创业理想、创业兴趣等层面。

创业动机是创业者创业追求的内因，其是创业实践开始的标志，对创业行为有着巨大的推动意义。

创业需要是创业者对创业的需要，是创业者不满足现有条件，产生新的愿望与要求，这也是创业实践开始的动力。

创业理想属于人生理想，是对未来目标的追求。

创业兴趣是创业者从事某项活动的兴趣指向，是将创业者意志与情感激发出来的重要条件。

在创业活动中，创业意识这一隐性因素是非常重要的，创业者只有具备创业意识，才能从根本上建立基础，抓住商机，从而取得成功。

同样，如果不具备良好的创业意识，那么即便创业环境是良好的，大学生的创业想法也不会产生，也很难付诸实践。

激发和培养创新意识的途径如下所述：

（1）提升发现问题能力。在现实中，很多问题需要我们解决，只有对这些问题进行发现，才能以创造性思维去解决问题。要对发现问题能力进行培养，需要做到以下几个方面的要求：

第一，要独立思考。

第二，要善于观察。

第三，要有科学的批判精神。

第四，要充满好奇心。

第五，要善于积累经验和信息。

第六，要善于找到适合自己发现的问题。

（2）有效激发创新动机。创新动机的产生，是离不开远大目标这一重要源泉的。因为只有目标远大，才会乐于创新，居陋室而不懈，处逆境而不馁，遇挫折而不丧志。一个不想思考的人是不会主动去考虑创新的，只有乐于思考的人才会乐于创新。

因此，乐于思考是诱发创新动机的激素。要想将创新动机激发出来，只是思考是不够的，还需要进行切磋讨论，这是非常重要的手段，不可或缺。切磋讨论不仅是对别人产生启发，重要的是激发自己的创新动机，使自己的思路不断拓宽，从而更加主动地投入创新之中。

（3）培养创新兴趣。兴趣不是天生的，其是需要培养的，而培养的环境就是人的社会实践过程。一般的，要想保证兴趣培养的效果与实际需要相适应，要保证兴趣培养与人的认识过程、社会发展需要相适应。这是最为基本的前提条件。兴趣需要鉴赏力与理解能力，这一能力是基于一定的知识水平建构起来的，如果不具备一定的知识水平，那么即便是再独特的现象，也不会引起人们的注意，也不会产生发现它的兴趣。

除此之外，兴趣的培养还需要好奇心的参与，好奇心是一项重要的品质，其能够让人们增加想象力与敏感性，将自己的思维活动活跃起来。可以说，好奇是形成兴趣的直接诱因。

（4）树立创新理想。创新理想即主体对目标的追求。在创新意识中，创新立项是理性层次，因此能够将主体的意志、情感等挖掘起来，为主体提供强大的动力。树立创新理想，需要考虑如下几个层面的问题。

首先，要将民族责任感树立起来。民族责任感是激发创新理想的强大动力。从学生的角度来说，要将爱国主义教育、民族精神和民族责任感教育作为重点，使他们确立崇高的创新理想，从而为创新创造做出贡献。

其次，要对科学真理进行积极探索。只有树立为探索科学真理而甘愿献身的精神，才能激发勇气和热情。

再次，要学会并善于自我欣赏。善于自我欣赏是在创新创造活动中强化创新理想的重要手段。

最后，在创新信念上要坚定。信念是有关社会和人的基本信条、基本志向或奋斗目标，是进入创新境界的重要前提。

（5）培养创新心理品质。创新人才不仅在智商方面有较高要求，还要求有高尚的创新情感、创新意志和创新性格，这些都是良好创新心理品质和创新人格的主要内涵。创新人才创新心理品质的培养可以从以下几方面着手：

①培养创新情感。创新型人才不可缺少的一个重要的心理素质就是创新情感。积极、乐观、健康的情感和心理状态对于创新意识的激发、创新思维的发展和创新心理品质的完善都是非常有利的。要培养创新情感，有以下几点建议：

首先，要培养高尚的道德情操。高尚的道德情操是创新型人才必须具备的素质之一，也是创新心理品质的重要组成部分。培养高尚的道德情操的途径有三：一是帮助学生树立远大的理想，形成正确的世界观、人生观和价值观；二是通过榜样的力量，培养青少年学生的高尚道德情操；三是对学生的道德观念教育要耐心细致，晓之以理。动之以情。

其次，培养发现美、欣赏美、创造美的情感体验。自然的美景、精美的艺术创造、美好的社会现象都会给人带来美的享受。要做到这一点，需要先让学生享受自然美，然后鉴赏艺术美，再体悟科学的美，最后是体味社会的美。

最后，要培养幽默感。幽默感是指一种理解和表达幽默的能力。健康积极的幽默感能够有效推动创新思维的发展。同时，幽默感也是一种情绪的减压阀，有助于适度地缓解冲动和不安的情绪。因此，富有幽默感的人不仅有着丰富的想象力，还有着非常强的创造力。

②磨炼创新意志。意志磨炼是指人的坚韧性、顽强性、克服困难的品质锤炼。宝剑锋从磨砺出，梅花香自苦寒来，坚强的意志为目标实现提供了强大的推动力。坚强的意志是克服困难的条件，是事业成功的保证。所以，要想达到自我实现的目的，就必须不断磨炼坚强的意志。具体来说，磨炼创新意志需要做到以下几点要求：

第一，要将勇敢果断的决心确定下来。创新是智者与勇士的结合。创新型人才果敢品质的磨炼需要从彻底摆脱胆怯、拘谨和懦弱的心理开始。其中关键因素在于自信心的树立和正确的自我评价。

第二，要将坚贞不渝的信心树立起来。自信心是创新事业成功的保证，是创新思维不竭的源泉。这就需要通过对独立自主精神的培养和切合自己能力的奋斗目标的确定，来培养出自信心，由此，来保证精神和心理上的自我始终坚贞不渝地屹立不倒。

第三，要将坚韧不拔的毅力确定下来。坚韧性是指人的顽强毅力，不达目的誓不罢休的精神状态。创新活动有成功有失败，成功的创新活动都是经过"千磨万击还坚劲，任尔东西南北风"的顽强毅力才能实现的，与此同时，更多失败的创新活动能够通过对毅力的激发，来进一步实现创新活动。

③养成创新性格。性格是人的个性心理特征的一个组成部分，是处于核心地位的。个体之间的性格是存在差异的，某种程度上，可以将性格看作是一个人比较稳定的心理特征。人生塑造性格，性格描绘人生，创新的人生就是一个不断完善自身性格的过程。而良好的性格特征也为创新活动提供了必不可少的心理保障。要想培养创新性格，可以从以下几方面着手：

第一，培养勤奋惜时的心理品质。勤奋，指不畏艰难困苦，分秒必争，辛勤学习、工作和劳动。任何人的成功，都是要经过勤奋这特质而实现的。业精于勤而荒于嬉，就将勤奋的重要作用充分展现了出来。勤奋刻苦是创新成功之本，而珍惜时间、合理利用时间则是成为创新人才的前提条件。

第二，培养独立自主的心理品质。独立自主的心理品质能够在生活、认知、情感等多个方面有所体现。创新者的批判和质疑精神就是在此基础上培养出来的。

第三，培养善于推陈出新的心理品质。通常，创新产品必须具有新颖性和独特性。在创新心理品质中，主要表现为不因循守旧、不盲从权威、不迷信书本教育，以无畏的批判精神和质疑精神冲击传统观念和思维定式的束缚，勇于变革，独创新途，标新立异，敢为天下先。

第四，培养勇于质疑的心理品质。怀疑是创新人才极有价值的一种心理品质。疑问是发现问题、探求知识的起点。培养怀疑精神，积极培养学生勤于思考、敢于质疑的心理品质，应当作为教育教学过程的重要组成部分。要对怀疑精神加以培养，首先要求教育者要具备怀疑的品质，切忌压制有争鸣现象的学生。其次，要对学生的大胆质疑持包容态度，让学生能够畅所欲言，表达出自己的想法。最后，要鼓励和倡导学生将已学的知识和想法应用于实践中，以此来检验其可行性。

第五，要培养学生合作交往能力。首先，要养成师生合作与家长和孩子合作的意识；其次要有意识、有目的地使学生的交往圈得到改善；还有，采取的合作形式应该是多种多样的；将有效的合作作为关注的重点。

（6）提供良好的创新环境。创新意识的激发需要将内在动力与外在条件相结合，良好的环境对于大学生创新意识的激发是非常重要的，因此应该为大学生创设良好的创新环境。具体来说，这些环境主要涉及如下几点：

家庭环境。对于一个人来说，家庭环境是孕育他们创新能力的最早环境。很多资料显示，凡是具有创新成就的人，他们在早期都受过家庭的熏陶。好的家庭氛围，有助于构建民主的生活。生活在这种环境下的大学生，不仅受到严格的训练，还能够将自己的观点与见解发表出来，比较容易具备创新意识。

学校环境。学校好的环境不仅为学生提供充足的知识，还能够教授给学生学会运用知识进行创新的能力，鼓励学生进行思考与进步。学生不仅能够在知识的海洋里遨游，还能够提升自己的创新能力与意识。

群体环境。人们在创新活动过程中，很多时候需要依靠团体形式展开。如果团体比较好，就能够将团体中的创新潜力挖掘出来，培养出创新的人才。同时，这样的团体也善于对矛盾与冲突进行解决，并将团体内的紧张变成一种竞争意识与激发力，因此在良好的群体环境中，更容易发挥出个人的创新能力。

社会风气。在一个社会中，如果每一个人都尊重与热爱创新活动，支持与羡慕创新者，那么就会让整个民族的斗志都激发出来，从而人人都努力构建自己的创新意识。在这样的社会中，才能够出现大量的创新人才。

因此，无论哪一个领域或者层次的社会环境，都会激发人们的创新能力。因此，要想将大学生的创新意识激发出来，就必然需要为大学生创造良好的环境，尤其是上述环境。

（7）鼓励大学生充分发挥想象力。作为一种复杂的心理活动，创新意识主要是从想象力中来的。想象是创新的前提与基础，大胆地进行想象与创造，才能够推动科学的进步。只有想象丰富，才能够促进时代的发展。

这就是说，善于创造的人一般都具有丰富的想象力，善于进行想象。在人类历史发展中，很多伟大的科学家、思想家等都具有丰富的想象力，这样他们才能将这种想象赋予自己的创新实践与发明创造中。

随着知识的进步与发展，要想将大学生的想象力发挥出来，就应该从想象的特点出发，对学生的想象力进行培养。具体来说，可以将大学生的视野扩大，让他们获得丰富的生活经验与认知，从而使自己的想象力不断增强。同时，也可以组织学生开展艺术活动，通过这些活动将大学生的想象力发挥出来。

（8）打破定式思维，培养怀疑精神。在人们的日常生活中，定式思维是一种常见的思维活动，其可以使人们获取的经验与知识很难发生转移，也很难在原有知识积累的层面进行突破。因此，学生要对定式思维有清晰的认识，要不断进行突破与创新，这样才能将这种定式思维打破。

所谓怀疑精神，即人们不相信迷信，不相信存在终极真理，是一种敢于挑战旧传统、旧思想的品质。这一品质是创新思想进步与发展的动力与源泉。因此，大学生要培养自己的怀疑精神。

（9）提高大学生的人文素质。在大学生的创新意识中，人文素质也是一个重要的层面。就当前来说，随着素质教育的大力提倡，大学生的人文素质受到了关注，但是总体来说，他们的人文素质水平还是较低的。

一般来说，人文素质包含的内容有很多，如文学素质、爱国精神、事业心、荣辱感等。高校可以为学生设置一些专门的课程，让学生进行学习。在科技发达的今天，基于新媒体的环境，高校要充分运用网络的作用，对人文素质的空间加以拓展。

对于大学生来说，他们除了利用课上时间，还可以充分利用课外时间，对各种丰富的人文素质活动进行参与，从而不断提升自身的人文素养。当然，随着大学生人文素质的提升，他们的创新意识也得到了激发。

（10）增加生活与工作阅历。激发大学生的创新意识，也可以从身边的一些事情做起，从大学生已经知道的情况入手。通过一些生活中的经历，他们会不断提升自己的感情阅历，这样就会不断提升自身的创新意识。

在平时的工作中，如果学生找不出一个好的方向，那么就从自己的生活中出发，找到一个契合点，并从里面借鉴一些成功的经验。这样能够拓展自己的创意思路。

## 2. 大学生创新思维的训练

（1）创新思维的作用。创新思维可以不断增加人类知识的总量。在创新思维指导下，人们会探究一些未知的领域，对一些未接触的事物进行发现与探索，然后将这些新发现的知识存储在自己的大脑之中。这样就容易对自己的知识进行丰富，增加人们知识的积累。

创新思维可以开发人的潜能。人的大脑有左半球与右半球，二者所发挥的作用是不同的，但是二者有着紧密的联系。一般来说，人的身体会受到二者的交叉控制，左半球对人体右边的神经与感觉进行控制，右半球对人体左边的神经与感觉进行控制。人们习惯使用右手的原因就说明人们对左半球的重视与运用，但是这就会对大脑的右半球予以忽视。

恰好，创新思维就是要求人们多使用右半球，将人的思辨能力、观察能力、幻想能力、识别能力、分析能力、欣赏能力等激发出来。因此，创新思维对人的潜能的发挥是非常重要的。

创新思维可以不断提高人的认识能力。创新思维活动及在创新过程中的内在的东西是无法进行模仿的。但是，这内在的东西恰好就是对思维能力的创新。这种能力的获得需要从自己的知识面出发，并结合自己的分析能力与感染力，也需要考虑个体是否了解现状、是否了解历史等。通过创新思维，可以将这些调动起来，当然只有这些经常被调动，人们的认识能力才能够真正地提升。

创新思维可以引导人们获得创新成果。基于创新思维的指导，创新者在不断探索的时候，会带着问题对世界进行观察，对某些现象进行研究，并逐渐进行思考，甚至提出问题，提出自己的好奇点，对某些事物加以批判，也愿意从不同的角度出发去研究问题。当然，自己开阔了自己的思路，那么就更容易获得创新的结果。

（2）常见的思维障碍。常见的思维障碍有很多种，概括来说主要包括以下几方面：

僵化麻木。现实中，由于惰性和僵化麻木的思维，我们经常会错过一些非常有价值的线索。创新者对那些见怪不怪的态度是非常害怕的，如果好奇心丧失了，那么他们就不会主动去发现问题，也很难对问题进行解决。好奇心是激发创新意识的动力，正是因为有好奇心，人们才能有创新的勇气和精神。人们要在学习与生活中学会创新，并获取成绩，对遇到的一些奇怪的现象，不要觉得奇怪，要善于观察，因为这些现象往往是人们忽略的现象。这样带着强烈的创新意识去看待这些问题。我们应该避免出现对那些应该探索的问题漠视的态度，避免错过一些重要的发现，要对那些迟钝的现象进行克服与警惕。

简单刻板。刻板就是所谓的机械、呆板，简单刻板就是在思考的时候思路比较单一，不懂得变通。对于一些简单的问题，刻板思维往往可以解决，但是如果问题比较复杂，那么刻板思维是很难解决的。在思维活动中，往往会存在一些变化的情况，面对这些变化，往往需要将刻板思维打破，能够根据情况随时进行改变，对这些困境情况进行打破，从而实现自己的理想。

屈从习惯。屈从习惯即不会变更上一次的选择，按照上一次的选择做出下一次的选择，这就是所谓的重复，从而导致出现无法克服习惯的弊病。屈从习惯的特征在于总是按照某一个选择执行，不会做出新的选择。

自卑自闭。自卑自闭是总感觉自己不会做，也不会去尝试。一般这种人就是缺乏自信的表现，也可能是因为自己懒而不愿意去尝试。但是，越是不敢尝试，就越缺乏自信，或者说产生不良的后果。因此，应该敢于尝试与创新，这样可以不断建立自己的自信。

（3）几种典型创新思维的训练方法。创新思维这一思维类型不是单一的，而是复合的，是综合起来的一种方式。具体而言，创新思维涉及如下几种。下面就做具体论述。

发散思维的训练。发散思维即大脑中呈现的一种扩散思维，一般可以采用如下几种方式：

材料发散法，指以某一物品材料作为发散点，想象其具有的用途是多样的。

形态发散法，指的是以事物的形态作为发散点，想象其具有的形态是多样的。

功能发散法，指的是以事物的功能作为发散点，想象其具有的功能是多样的。

辩证思维的训练。辩证思维是指客观地看待某一项事物，并在头脑中形成反映，是辩证法的体现，是要求人们用系统全面的观点看待问题、分析问题。辩证思维是一种科学的思维形式，其与其他思维方式存在差异，并具有系统性与全面性。

辩证思维也有很多的方式，如抽象思维方式、具体思维方式、综合思维方式、分析思维方式、归纳思维方式、演绎思维方式等。这些方法是基于辩证思维的规律为指导的，是辩证思维的主要表现。

当前，辩证思维已经发展成为具体的阶段，是对问题加以解决的主要工具和方式，是促进现代科技进步与发展的杠杆。

### 3. 大学生创新精神的培育

所谓创新精神，即人们在创新中具备的一种稳定的倾向，其是创新人才进步与发展的精神动力。换句话说，一个人要想展开创新活动，就必然需要具备创新精神。

（1）大学生创新精神的特点。个体成长的阶段不同，他们身上具备的创新精神也是不同的。因此，对于大学生来说，其需要具备的创新精神需要有如下两个特点：

①主体性。随着知识的进步、身心的发展，大学生逐渐成为创新主体。在创新意识上，他们能够从自己的喜好与计划出发，展开各种创新活动。

在创新意志上，他们具有较强的意志力，这种意志力非常强健，不怕遇到任何困难，也直面失败，并能够找寻失败的原因，接受失败的教训，继续为自己的创新目标努力。

在创新思维上，他们具有较高的独创性品质，并且精密性较高。

在创新个性上，他们具有较强的想象力，并且愿意接受挑战。

②现实性。与中学生相比，大学生的创新精神往往虚幻色彩较淡，接受现实的能力较强。换句话说，大学生的创新精神是在自己的学习与工作中遇到困难，并解决困难发展而来的。

（2）大学生创新精神的内容。

①独立思考精神。对于创新精神来说，独立思考是非常重要的，可以说是其灵魂。当个体面对问题的时候，只有独立地进行思考，才能得到自己的想法与意见。如果自己的意见与他人不同，但是由于自己是经过深思熟虑的，就需要与他人据理力争，敢于坚持自己的观点。

②批判怀疑精神。在创新精神上，批判怀疑是其重要的动力与源泉。对于创新活动而言，敢于批判与怀疑才能够大胆地进行创新。如果不存在批判，就不能对问题进行发现，社会发展也就失去了动力。

到目前来说，只要是一些巨大的成果，都是建立在怀疑的基础上，因此大学生需要对自己的怀疑精神进行培养。

③坚忍不拔精神。大学生的创新要比较大胆，并能够坚持。众所周知，有志者事竟成，立志很重要，但是坚韧的毅力也是非常重要的。如果只立志，但是没有毅力，那么就很难坚持。因此，大学生要培养自身的坚忍不拔的精神。

④团结协作精神。创新是一种群体的行为，往往需要多人完成。因此，对于创业者而言，需要具备团队精神，发挥团队的力量，发挥集体的作用。创新者之间只有通过合作，才能保证创新活动的成功。

⑤勤奋刻苦精神。创新是依靠勤奋创造出来的。虽然个人的经历不同，创新者有一个共同的特点，那就是刻苦勤奋。一个人只有具备这一精神，才能把握好创新的机会，从而创新出成果。因此，大学生需要培养这一精神。

⑥勇于探索精神。大学生要想将自己的创新精神贯彻，必须依靠一定的保障，而保障就是勇于探索这一精神。如前所述，一切重大的成果都是建立在怀疑精神基础上的，本身这种怀疑精神就是一种冒险，而冒险的风险是很难确定的，可能失败，可能成功，但是只有经历过这些挫折，才能真正地走向成功。就某一项角度而言，勇于探索精神反映出一个人是非常自信的。自信属于一种积极的情感，是对自我的肯定。只有具备了自信，才能有力量、有勇气，才能坚持不懈。

（3）大学生创新精神的培养。

①充分尊重大学生的个性。历史赋予高校的一项重要任务就是培养大学生的创新精神。为了完成这一任务，必须对大学生的个性予以尊重。这是因为，提升大学生的个性，才能培养他们成为创新人才，才能帮助学生获得知识、提升能力。也就是说，只有对大学生的个性进行尊重，大学生才能与众不同。而这样的思想是大学生进行创新的前提与基础。因此，要不断培养大学生的创新精神，对大学生的个性予以尊重。

②注重开拓大学生的思维。在开展教学活动时，高校教师需要脱离书本的限制，锻炼学生的思维能力，使他们的思维不局限在固定模式下。基于这一过程，高校教师需要将大学生的创新思维激发出来，如换位思考等。这样大学生更容易形成创新的思维与能力，产生自身的观点。

③不断增强教师的创新精神。大学生的创新精神是否良好，与教师是否具备创新精神关系非常密切。因此，高校要培养出高素质的创新教师，教师只有具备了创新精神，才能不断提升自己，继续学习，对自己的业务进行挖掘，这样才能提升自身的业务水平。

④引导大学生进行创新精神的自我培养。对于学生而言，培养学生的创新精神需要做到如下几点：

第一，大学生要积极进行学习，并坚持不懈，为自己积累充足的知识。这是大学生进行创新的前提与基础。

第二，大学生要养成对自己的思想火花进行记录的习惯。创新都是从思想火花开始的，并且这些火花可能是随机的，通过对其进行记录，就有助于对自己的创新意识进行积累，这样长久下去，就形成自身的创新见解。

第三，大学生要勇敢，敢作敢为，只有具备这一精神，才能勇于探索与付诸实践。

## 4. 大学生创新能力的培养

创新能力又称创造力，指的是人们展开创新的能力，或者是进行变革的能力。所谓变革，即从新事物出发，产生新的思想，并将这一思想运用到社会之中。

（1）创新能力的构成。

①创新个性品质。在创新能力中，创新个性品质是基础与前提。其内容是非常广泛的，包含创新意志、创新意识、创新积极、创新勤奋等。一个人只有具备这一品质，才能勇敢

地进行挑战，展开创新活动。

②创新思维品质。所谓创新思维品质，即个体能够巧妙使用创新思维方法，能够及时了解创新信息，能够及时发现问题，并对这些问题展开有效的解决。一般情况下，创新思维品质包含逻辑思维、创造性思维等。

③创新技法应用。在创新中，如果一个人能够对创新技法进行有效的选择和使用，那么就能够发现创新的问题，并对这些问题进行解决。一般来说，创新的技法有很多种，并且随着活动的开展，创新活动也会逐渐增多。如果一个人想要对自己的创新能力加以提升，那么掌握一些必要的技法是非常重要的。

④创新技能运用。在创新中，如果一个人能够正确处理人与社会的关系，并且能够彰显出价值，那么就是对创新技能的使用。当然，这里的创新技能的内容非常广泛，包含操作情况、完成情况等。

（2）大学生创新能力培养的具体途径。创新能力所包含的内容非常广泛，比如，主要的有合作组织能力、沟通公关能力、时间操作能力、管理时间能力等，这些能力的培养都会对创新能力的培养产生重要影响。

①合作组织能力的培养。创新活动（或项目）的完成，仅仅依靠个人的力量是很难实现的，大都要靠集体的力量，而且较大的创新活动（或项目）所涉及的专业、部门人员更多，耗费的时间和精力也更大，这就需要创新活动（或项目）的组织者要有较强的组织管理能力，每一位创新参与者都要有一定的协调配合能力。

一般来说，如果创新者具有非常强的合作组织能力，那么往往能够在时间和开支上有较大幅度的节省，并且任务的完成质量和速度也会比较理想。因此，合作组织能力的培养是创新能力培养的重要组成部分。

②沟通公关能力的培养。沟通是信息由沟通者向接受者传递的过程，在这个过程中，总会有这样那样的障碍，阻碍着信息的顺畅传达，这就要求，要在沟通技巧上下功夫，培养和提升其沟通公关能力。具体来说，主要包括：提高沟通技能；明确沟通目的；慎用语言文字；注意面谈细节；充分利用反馈信息；克服不良习惯。

③实践操作能力的培养。通常情况下，可以将实践操作能力分为语言写作能力、设计能力、绘图能力、工艺制作能力、实验能力、数学建模能力等。凡是在发明创造上有建树的人，大都具有不同凡响的实践操作能力。数学家克雷洛夫曾深刻地指出：在任何实际事业中，思想只占百分之二到五，其余百分之九十五到九十八是实干。同样是提出创新想法的人，因缺乏实践操作能力而没有付诸实践的人与具有良好的实践操作能力并付诸实践的最终结果是完全不同的，这也就体现出了实践操作能力的重要性。因此培养和提升实践操作能力非常重要且必要。具体的培养途径为：增强实践操作的自觉意识；掌握实践操作的基本知识；保持实践操作的进取心态；形成实践操作的良好习惯。

④管理时间能力的培养。创造发明者的共同特点之一，就是珍惜时间。有志于创新的人们应当努力培养管理时间的能力，惜时如金，在有限的生命里将创新创造效率最大限度地发挥出来。

⑤创新知识结构的构建。知识结构是指个体掌握知识的质量，也可以将其理解为个体掌握知识构成的体系。知识的数量与创新之间并不是完全成正比的关系，个体知识的质量，即创新者的知识结构，对创新活动起到决定性影响。

在人们的创新实践中，人们的知识结构与创新之间的关系是非常密切的。系统的知识，能够使普遍的、整体的、根本的问题得到妥善解决。因此，在创新教育教学中，不仅要让学生对本学科专业知识有充分的掌握，还要涉及哲学、语言学和数学等其他学科的知识，以形成科学的知识结构，这对于学生创新能力的培养和创新潜能的开发是非常有利的。为了更好地理解有助于创新能力培养的知识结构，这里对四种知识结构模式加以分析和阐述，即胶团型知识结构模式、知识层次模式、鼎型知识结构模式、王牌知识结构模式。

胶团型知识结构模式。胶团型知识结构模式理论，是由从事胶体化学研究的宋彬提出的。具体来说，其分为三个层次，最里面的是胶核知识，是指专业及其方向；次层是吸附层知识，只要是指与核心知识密切相关的知识；最外层是扩散层，就是其他方面的知识。需要强调的是，这三个层次不是静态的，是会随着科技发展、个人兴趣转移、环境的变化等而有所变化的，胶核知识也是会变的，胶核会在一定的范围里游动，吸附层知识与胶核知识，会有部分的相互转化。同样，扩散层知识和吸附层知识也会有部分的转化。由此可以得知，每个创新创造者都应清醒地分清楚自己所掌握的三个层次的知识，以便合理地建立和改变、发展自己的知识结构。

知识层次模式。创造学家庄寿强提出了创新的知识层次模式理论。他认为，个体在知识获取过程中，记忆和理解不同知识的程度是不同的，因而不同的知识在个体头脑中形成的层次也会不同。

鼎型知识结构模式。鼎型知识结构模式理论认为当代科学技术创新者的知识结构应是一种鼎型结构。鼎型知识结构主要有四个部分，即哲学、语言学、数学、计算机科学。这四个方面相互之间是有着密切联系的，且各自的功能都是不可替代的，缺一不可。

王牌知识结构模式。王牌知识结构模式即为一个"王"字，共分为四个部分的知识。其中，处于基石地位的是个体的基础知识（第一部分，即最下面一横），主要包括哲学、语言学、数学、计算机科学等方面的知识。然后是个体的专业知识（第二部分，即中间一横）。再是个体应具备的综合知识（第三部分，即最上面一横），其也被称为集合性知识。最后，是个体应具有的方法论知识（第四部分，即中间一竖），其内核部分是指创新学方面的知识，这是必需的知识。在王牌知识结构中，四个部分的知识都有自己的特点，且又密切相关。在创新知识结构中，王牌知识结构模式对学生创新能力培养，具有重要的实践指导意义。

⑥先进的文化环境的积极营造。创新属于一种社会行为，因此要想对大学生的创新能力进行培养，必须营造一个先进的文化环境，这样才能培养他们的文化修养。

高校在营造先进的文化环境时，可具体从以下几方面着手：

第一，高校要积极创建校园文化创新体系、创新机制、激励机制等。

第二，高校要积极引导大学生锻炼自己的创新个性品质，包括合作、自信等。

第三，高校要积极为大学生创建学习运用创新思维、创新技能的氛围。

⑦人格品质修养的不断提高。大学生要开发自己的创新能力，需要在对自身进行全面、客观认知的基础上，制订有针对性的人格品质锻炼计划，并坚持在实际生活和学习中锻炼。只要持之以恒，大学生一定能够形成良好的人格品质。

⑧良好性格的培养。一般来说，一个人的性格表明其做什么是适合的，做什么是不适合的。但是，创新具有较强的社会性、较大的难度，这就对人的性格产生了更高的要求，并且人的性格决定了他能否创新成功。

因此，大学生需要提升自身的创新能力，对自己的性格进行塑造。即便是内向的学生，也需要对自己的性格进行锻炼，这样才能真正提升创新能力。

### 三、大学生创业应处理好的几个关系

大学生创业应处理好以下几种关系：

#### （一）创业与学业的关系

在校大学生创业是其参与社会实践的一种方式，目的应该是促进学业。若把创业简单理解为当老板、赚大钱，把主要精力放在创业上，一味追求短期效益，忽略了自身知识和能力的锻炼提高，是一种舍本逐末的行为，其结果将落得学业和创业两手空。因此，在校大学生的创业定位很重要，应以创业、学习两不误为前提。同时，人生每个阶段都有一个主要的任务，如果学习阶段不抓住机会，将会耽误自己一辈子，而创业机会在毕业后还会有很多。因此，在校大学生对创业不应草率效仿。

从长远来看，学业是创新、创业的基础，只有打好扎实的知识和能力基础，才能真正有利于自身的发展。因此，在校大学生创业首先应从增长知识、提高能力入手，以此为基础在学有余力时再去创业。对少数学习特别优异、科研成果突出并崭露头角的学子而言，边读书边创业是一种理想的选择。但由于又要完成学业，又要创业，时间和精力上需要相当大的投入，面临的困难显而易见，有时会顾此失彼。①

#### （二）创业与毕业的关系

大学生自主创业可以发挥年轻、充满激情、创造力强的优势，不过必须踏踏实实从点

---

① 李如意.大学生人生导论 [M].沈阳：东北大学出版社，1994.

滴做起。面对日趋严峻的就业形势，毕业即创业是当前大学生就业过程中积极倡导的一种就业选择。一些具备创业条件、有强烈创业欲望的大学毕业生，选择毕业后自主创业的途径，不仅不会为社会增加就业压力，而且为他人提供更多的就业机会，这不失为一种明智的选择。

### （三）创业与就业的关系

有人说，创业是自己做老板，从事自己创造出来的工作；就业是当打工仔，只能帮别人工作。这是一种错误的说法，它只是着重于创业与就业之间的区别，而没有看到两者之间的密切关系。其实，就业是创业的基础，人们在就业中培养自己的工作能力，提高业务水平，可以为日后的创业做好准备。创业一方面能实现自我就业，另一方面能向社会提供就业机会。

但是有些人并不能正确地认识创业与就业之间的关系，认识不到就业是自己创业的基础，个人也可以在就业中创出属于自己的业绩来，因而他们在上岗就业之后就表现出无心进取、无责任感、私心严重、自由散漫等毛病。其实，就业对大多数人来说都是必需的。因为只有通过就业，才能在社会中找到自己的位置，在对社会做出贡献的同时获得自己生活的来源。每个人都应有爱岗敬业和艰苦奋斗的精神，而这种精神正是创业的基础。

## 四、大学生创业应具备的能力

### （一）创业能力

能力是以人的先天条件为基础，经过后续获取的知识、技能、经验综合形成的。创业能力是在创业实践过程中直接体现出来的能够顺利实现创业目标的特殊能力。创业能力是一种高层次的综合职业能力。

创业能力与整个创业过程密切相关，创业能力体现在创业过程中，包括以下几种：

### 1. 专业能力

专业能力是指企业中与经营方向密切相关的主要岗位或岗位群所要求的能力。创业者在创办自己的第一个企业时，应该从自己熟悉的行业中选择项目。当然，创业者也可借助他人特别是雇员的知识技能来办好自己的企业，但在创办自己的第一个企业时，如果能从自己熟知的领域入手，就能大大提高创业的成功率。可以说，专业能力是创业成功的重要前提。

### 2. 识别机会的能力

市场机会识别是创业领域的关键问题之一，它是创业的起点，创业过程就是围绕着机会进行识别、开发、利用的过程。如何正确地识别市场机会并判断市场机会是创业者应当具备的重要技能。

### 3. 获取资源的能力

资源条件是创业能力的重要构成部分，但企业资源又是有限的，必须合理计划和利用好有限资源，才能实现成功创业。很多创业者认为，只有所有的资源条件都具备了才能创业成功，这种想法显然是不对的。在创业初期，很多创业者都会缺少一些资源，如果等所有的资源条件都到位再进行创业实践的话，很多商机可能就已经流失了。所以，创业者要善于整合并利用资源，只有这样才能创业成功。

### 4. 领导决策的能力

在创业活动中，几乎每个阶段都离不开创业者的决策，创业项目的选择、企业产品的定位、企业的发展战略、企业的商业模式以及盈利模式等，都需要进行判断。能否做出一个正确的决策，直接关系着创业的成败。

### 5. 协调能力

大学生创新创业者一定要具备协调能力，概括来说，协调能力的重要作用表现在以下几方面：

第一，良好的协调能力有利于信息的沟通。对于加强相互理解和利益共享有着切实的好处。

第二，协调能力能够化解创业团队与竞争者之间、创业团队与客户之间的矛盾，能够使创业团队获得良好的形象，提高可信度，为合作打好基础。

第三，协调能力还可以融洽相关主体之间的感情，增加合作的愿望和机会。

第四，协调能力使整个团队工作有序、配合协调，工作效率达到最高。

### 6. 创新创造能力

创新是知识经济主旋律，是创业者化解外界风险和获取竞争优势的有效途径。企业只有不断地创新，不断研发新产品，不断为客户提供优质的人性化服务，才能确保企业可持续发展，才能确保企业立于不败之地。创业者必须有创新能力，才能确保企业不断发展。

### （二）提高创业能力的方法

### 1. 大学生应善于请教他人

可以直接向创业成功人士请教，特别是自己想从事领域的成功人士。听听这些成功人士的体会和建议，学习他们的成功创业的经验，可以有针对性地提高自己的创业能力。

### 2. 大学生应掌握迅速提升自我的小技巧

第一，与有能力的人士合作。

第二，善于集中别人的智慧，使自己变成最聪明的人。

第三，知人善任，将各种不同特点的人组合成团队。

第四，不懂就问，不会就学。

第五，可以交一些"顾问型"的朋友。

### 3. 大学生应勤于实践

只有实践才能使我们锻炼成长，只有实践才能使我们获得成功。勇于实践首先要求我们应当立志，没有远大和崇高的志向，我们就会失去前进的动力。在校大学生可以利用课余时间进行尝试性的创业实践活动，也可以投入小资本进行经营活动，还可以参加创业实践模拟，更可以利用实习机会进行创业实践训练。勇于实践要求我们必须具有胆识。敢于做梦，是"胆"；梦做得如何，是"识"，是识别力。综合来讲是要善于抓准方向，并沿着正确方向无畏地前进，不屈不挠，努力创新。看准了的新事情就要干，机会转瞬即逝，不干就会追悔莫及。

### 4. 在通识教育中学习经营管理的基础知识和培养能力

创业通识教育以培养创业精神和普及创业基础知识为目标，主要包括组建团队与架构公司、项目确定与公司注册、市场分析与战略规划、成本预算与营销策划、财务管理、投资收益与风险评估等基础知识，为创业者制订合理的商业计划及创建企业后的经营管理提供基本的知识储备。

美国创业教育联盟发布了《创业教育国家内容标准》，简称《CEE 国家标准》，它分为创业技能标准、基本商业知识和技能标准、商业技能三大部分，共 15 项子指标，用于指导高校建设有特色的创业教育体系。而在我国，开展创业教育，首先，教育主管部门应组织成立创业教育指导委员会，指导高校开设创业基础类课程并组织教材编写和师资队伍培训；其次，高校应认真落实教育部《普通本科学校创业教育教学基本要求（试行）》，建立合理的创业教育课程体系，使学生掌握创业的基础知识和基本理论，促进学生的创业就业和全面发展；最后，大学生应珍惜一切学习机会，积极研修学校提供的各类创业教育课程，在学好专业技能的同时，掌握更多的经营管理知识，努力提高自身的综合能力。

### 5. 在专业教育中培养创新和挖掘行业前沿领域市场机会的能力

第一，教育主管部门应引导高校将创新教育融入人才培养全过程，构建一体化人才培养方案。

第二，高校要充分考虑学科发展、社会需求和学生成长需要，增加创新实践学分的比重，改革授课模式和课程考核模式。以创新性问题的提出和解决方案作为重要的考核内容，鼓励学生依托所学专业，关注行业前沿。

第三，大学生应该提高自主学习能力，关注所学专业领域的变化趋势，积极阅读文献，夯实专业知识，不断思考、不断发现问题，甄别各种市场机会并大胆尝试，从而提高识别市场机会的能力。

### 6. 在第二课堂活动中营造创业氛围，锻炼计划和领导决策能力

第一，教育主管部门应组织一些连贯性的、高质量的创业竞赛活动，鼓励大学生积极组队参加，培养制订商业计划的能力和团队领导决策能力。

第二，高校应大力开展各种创业讲座、沙龙和创业实训，充分发挥校友和成功企业家的示范作用，在校内进行鼓励自主创业等方面的宣传活动。营造良好的创业氛围，激发学生创业实践的热情。

第三，大学生应积极参加各类创业竞赛、讲座等，将课堂上所学的创业基础知识在实践活动中进行检验。创业竞赛是提高学生实际创业能力的有效途径，通过各种创业竞赛，学生可以有效地获取创业所需的方方面面的经验，更好地理清创业项目的商业模式，接受专业的点评和指导，并且竞赛本身也可以让参与其中的学生们感受创业将会遇到的压力。

### 7. 在创业实践中磨炼资源获取能力和抵御风险能力

目前，国家、省市、学校提供了多种鼓励大学生开展创业实践的创业优惠政策和场地、辅导等软、硬件环境和资源，大学生应利用在校学习的时间，充分利用现有资源，提出一项具有市场前景的创新性产品或者服务，并以此为基础开展创业实践活动。大学生在开展创业实践活动、组成创业团队及培训能力的过程中跨学科、跨专业，实现知识的交叉互补和综合利用。同时，在此过程中，有分工、有协作，取长补短，能力互补，凸显团队精神。无论是创业精神的培育还是创业实践的开展，都需要与社会接轨，创业实践使大学生对各种资源的把握和运用以及对风险的驾驭能力都得到锻炼，从而促进了社会化程度的提高。

### 8. 政府加大资金投入

政府可以通过创立创业资金和创业贷款的方式加大对大学生创业资金的投入力度。

（1）创业资金。

第一，对于符合一定条件的大学生创业项目提供无偿资助。

第二，用于大学生创业项目的小额贷款担保。

第三，大力支持大学生创业计划，鼓励其中优秀项目市场化。

（2）创业贷款。

政府在为大学生提供贷款时，应该简化手续，提高办事效率，尽量缩短大学生取得创业资金的时间等。

### 9. 完善创业融资政策，开拓创业融资政策新渠道

对于大学生来说，融资难是决定其创业与否以及成功与否的重要因素，因此，政府应该不断完善创业融资政策，努力开创融资渠道，为大学生的创业提供强有力的支持。概括来说，政府方面可以从以下几方面来努力：

第一，借鉴他国的一些比较成功的经验，通过综合高校、政府以及社会各界的力量为

大学生创业提供良好的融资渠道。

第二，可以根据实际情况进一步提高中小企业资金的信贷额度。

## 五、大学生创业管理的策略研究

### （一）制订创业人才培养规划

21 世纪不同国家、地区、行业之间的竞争归根结底是人才的竞争，当前社会对人才的综合素质要求越来越高，在人才需求方面表现出多元化的特点，在高等教育大众化时代，青年人对高等教育的需求是多样化的，因此，教育系统的人才培养模式也是多样化的。

现阶段，为了适应经济社会发展对人才多样化的需求，同时为了满足青年人对高等教育多样化的需求，我国高等教育人才培养模式是多样化的、多层次的。我国非常重视高新技能型人才、复合型人才的培养，《国家中长期人才发展规划纲要》明确提出了"高端引领，整体开发"的人才培养基本方针，强调要突出培养造就创新型科技人才、大力开发经济社会发展重点领域急需紧缺专门人才。[①]

### （二）确定创业人才培养目标

培养创新人才的目标在于造就创新人才的素质。创新人才的素质即智能结构可归为四个基本构成要素：基本素质、基本能力、基本知识和基本方法。基本素质是培养创新人才的必要前提，包括自然素质和精神素质。自然素质主要指健康状况、体力精力等生理素质，它在很大程度上由先天的遗传因素所决定。精神素质主要指思想道德素质，包括对社会、国家、民族的价值取向和态度以及个人与他人、集体、社会的关系的认识。这种价值取向可具体化为创造活动的毅力和动力，毅力来自献身精神和责任感，动力来自强烈的事业心。精神素质是创新人才智能结构的灵魂。没有优良的精神素质，就不可能成为优秀的创新人才。

基本知识和基本方法是培养创新人才的文化技能准备。首先，创新人才必须具备渊博的知识，不仅要有精深的本专业知识，而且要有丰富的邻近学科知识和尽可能多的其他知识。知识越多，联想就越丰富，激发创见的概率也就越高。历史上著名的、有创见的科学家都是学识渊博者。其次，创新人才还必须掌握一定的科学方法和创新思维法。这些方法作为前人经验的总结，带有普遍有效性，可以成为指导创新的方法论武器。有意识地掌握一些行之有效的创新方法，对于初出茅庐的有志于从事创造性活动的人来说，无疑可以提高成功的概率；对于那些有较深资历的科学研究人员和工程技术人员来说，无疑如虎添翼。创新思维法是开发创造力的重要思维工具。基本能力是培养创新人才的关键。

要成为一个优秀的创新人才，获取出色的创新成果，仅仅靠对知识、理想和方法的掌握和一腔热忱、决心毅力是不够的。创新领域五彩缤纷，无所不包，变化万千；创新

---

① 李志凯.大学生心理健康 [M].成都：电子科技大学出版社，2017.

方法和知识、理论只能提供一些门路，创造一些条件；但要真正逾越一道道创新的峡谷和高峰，还要辅之以创新者足够的能力，只有具备较强的创新能力才能有效地搏击于创新的海洋之中。

创新基本能力也就是前面所述的创造力，分潜在能力和现实能力。潜在能力是每一个正常的人都具备的（当然有程度的差异，甚至有天才与平常之分），而现实能力则主要是通过学习、训练，在后天实践中形成的东西。当然，经过刻苦的训练，也可提高潜能的素质，并通过娴熟的现实能力把潜能更充分地发挥出来。总之，创新者在创新实践中应充分调动自己各方面的创新能力，使之得以最完备地协调配合，这样才能取得创新成果。衡量创造力开发水平的标准，就在于能否最充分地挖掘各方面的创新能力。造就创新素质的途径主要有以下几方面：

### 1. 要打好坚实、广博的知识基础

知识和创新之间具有什么关系？学界有不同看法。有一种观点认为，对于创造性而言，并非知识越多越好。知识和创新之间，呈现一种倒 U 形关系，即中等程度的知识水平才有利于创新思维。这种观点认为，知识多了，反而有碍于创新。确实，在现实中的确存在着知识过多而阻碍创新的现象，但不能因此得出知识多一定不利于创新的结论。毕竟知识是人类生活和实践经验的总结，是人们吸取新知识、提出新思想的基础。任何发明创造都是建立在一定知识经验基础之上的。认为只要掌握一定程度的知识就可以有很高水平的创新的观点似乎站不住脚。持这种观点的人或者把教育程度与知识水平混为一谈；或者把知识的量等同于知识的质。

一方面，学历与知识之间不能画等号。在历史上，有高水平创新能力的人并非都有高学历，但一定都有高知识。例如，达尔文只获得了学士学位，但他的成就远远超出了学士水平。这是因为，他对知识的获取并没有因为学士学位的获得而终止。当他跟随贝格尔号船完成科学考察时，他在物种进化方面所积累的知识已经达到了当时的最高水平。法拉第 14 岁就离开学校而成为一个装订商的学徒工。然而辍学不等于终止学习。他向他所装订的书本学习。23 岁那年，他开始给科学家戴维当助手，他又向戴维学到了不少东西。可以说，没有他多年积累的深厚知识基础，就不会有以后的伟大成就。[①]

另一方面，知识的量与知识的质之间不能画等号。创新需要运用知识，而知识的运用必须避免知识的僵化。为此，应实现知识的结构化和条件化。所谓结构化，即善于对知识进行组合、抽象、概括、归类。当头脑中的知识以一种网络的方式进行排列时，其提取检索率就大大提高。所谓条件化，即在掌握知识内容时，同时掌握知识运用的条件，懂得运用这些知识的方法。

良好的知识素养不仅包括知识的量，更要求对知识的良好掌握。创新思维所需要的是

---

① 梁丽娟，杨清荣 . 大学生心理健康 [M]. 延吉：延边大学出版社，2017.

高质量的知识，而非僵化的知识。为创新打知识基础，要在五个字上下功夫：一是基，即扎扎实实地掌握基础知识、基本原理；二是博，即有广博的知识背景，学愈博则思愈远；三是深，即有精深的专攻领域；四是精，即改善知识在头脑中的结构状态，善于对凌乱的知识进行整理；五是活，即善于运用知识，让知识进入流通领域，或聚合，或分解，或置换，或替代，或跳跃，或嵌入，保证思维的流畅、变通。

### 2. 要培养思维的灵活性、敏捷性、开放性

创新思维是一种高度灵活的思维，思路开阔，善于发现问题，善于预测事物的发展趋势，保持对事物的高度敏捷性，是养成创新思维的重要条件。为此，要注意经常更新观念，不断追求新的目标；要注意扩大视野，既高瞻远瞩、面向未来、追踪时代，又纵横驰骋，全方位考察、立体思考问题。切忌思维的单一性、刻板性、狭隘性。为提高思维素质，有必要学习一些创新思维技法，进行必要的创新思维训练，为创造力的开发奠定基础。

### 3. 要培育良好的人格基础

心理学家们从不同角度探讨了不同领域内创新人才的人格特征。经过广泛的调查研究，对创新型人才的人格特征达成了共识，包括：勇敢，敢于对公认的东西表示怀疑，甘愿冒险；富有幽默感，对饶有趣味的事物有敏感性；独立性强，有顽强意志，有恒心，有一丝不苟的精神，能排除外界干扰，长时间地专注于某个问题的钻研；在当今时代，创新人才特别需要有强烈的事业心和历史责任感，具有坚定的理想信念。这是成就事业的必要条件，要投身于创造活动实践，在实践中增长才干。

实践出真知。创新思维的训练、创新能力的培养，归根结底依赖于实践。只有积极参加创新实践，在实践中发挥创造力，不断开发、增强自己的创新能力，才能有所成就。青年学生在课堂学习之余，要积极参与课外科技活动，努力锻炼科学研究能力，努力培养运用知识的能力。科技人员要努力进行科技自主创新，积极在实践中提出新理论，开发新技术、新产品。教师要在教育实践中努力进行教育创新，努力尝试新教育理念、新教育模式、新教育内容。各行各业都努力致力于在自身实践中的工作创新，我国的社会生产力才会不断跃上新水平，迈向新阶段。

# 第四节　大学生就业信息搜索与利用

## 一、搜集就业信息的方法和渠道

### （一）搜集就业信息的方法

### 1. 全方位搜集法和定向搜集法

前者是指根据自己的专业，把与专业有关的就业信息搜集起来，按特定的标准进行整

理、分类和筛选。这种方法获取的就业信息虽然范围较广、选择的余地大，但比较浪费时间和精力，确定起来也相对较难。后者是指根据自己选定的职业方向或求职行业范围来搜集信息。这种方法以个人的专业方向、能力倾向和兴趣特长为依据，来找到适合自己特点、更能发挥作用的职业和单位。但当选定的职业方向或求职范围过于狭窄时，可能会缩小选择余地，给下一步的择业带来较大困难。

### 2. 地毯式访问法、连锁介绍法、中心开花法和直接研究法

地毯式访问法是指求职者在不太熟悉或完全不熟悉用人单位的情况下，可以直接访问某一特定地区或某一特定行业中的所有单位。这是一种比较实用的方法，成功的关键在于保持信心，挑选合适的单位，访问前做好各种准备。连锁介绍法是指求职者通过熟人、朋友寻找单位，或者通过这些熟人、朋友再委托他们的熟人、朋友帮求职者寻找单位的方法。求职者必须首先使自己取信于熟人、朋友，在此基础上运用灵活多样的方式进行连锁介绍。中心开花法是指求职者在某一特定的职业范围内借助于一些具有影响力的中心人物，由他们出面帮助而找到工作。它实际上是连锁介绍法的特殊运用，其关键在于取得中心人物的信任和帮助，对优秀的人才比较适用。直接研究法是指求职者广泛搜集自己专业范围内用人单位的信息资料并加以研究利用的求职方法。

### （二）搜集就业信息的渠道

（1）浏览各类就业信息网站，包括中央有关部门主办的全国性就业信息网站、地方有关部门主办的就业信息网站、各高校就业信息网站及校内微信公众号求职版面、其他专业性就业网站等。

（2）参加各类招聘和双向选择活动，包括国家有关部门、各地方、学校、用人单位等相关机构组织的各类现场或网络招聘活动。

（3）参与校企合作实习，包括社会实践、毕业实习等活动。

（4）查阅媒体广告，如报纸、刊物、电台、电视台、视频媒体等。通过这些渠道所获得的就业信息，不仅信息量大而且极为迅捷，因而是毕业生搜集就业信息的好途径。

（5）他人推荐，如导师、校友、亲友等。

（6）主动到单位求职自荐。

## 二、就业信息的选择利用

### （一）就业信息甄别和筛选

就业信息筛选是就业信息分析的第一步。进行就业信息筛选，首先要对就业信息进行去伪存真，判明就业信息的真实性。从信息源的角度讲，政府和学校有关部门发布的就业信息较为可靠，而对来自报刊、网络和人才中介机构的就业信息就要有双慧眼"看得清清

楚楚、明明白白、真真切切"了。对真实性存疑的就业信息，毕业生可以通过实地走访和问询，了解企业是否确实需要人才，并对企业的实力、管理、效益和信用情况详加调查。毕业生对那些需要交纳不合理费用才能被录用的单位应坚决说"不"，其依据就是我国《劳动合同法》第九条明文规定："用人单位招用劳动者，不得扣押劳动者的居民身份证和其他证件，不得要求劳动者提供担保或者以其他名义向劳动者收取财物。"对经过自己查证还无法判明真伪的就业信息，毕业生还可以向学校毕业生就业工作部门的老师寻求帮助。

其次要对就业信息进行去粗取精，选取对自己有用的信息。各种就业信息即使真实也是浩如烟海，必须从其中筛选出对自己有用的信息。在对就业信息进行去粗取精时应把握两条原则：一是适合自己。"没有最好的工作，只有最适合自己的工作"，就业信息也是如此。在就业信息筛选中，如果说真实是首要原则，那么适合自己则是次要原则。例如在求职中，毕业生要根据自己的兴趣、能力等各方面实际情况选择那些最适合自己的岗位信息，否则即使应聘成功也会因"大材小用"或者"小材大用"而给自己和用人单位带来烦恼。当然，判断就业信息是否适合自己也必须建立在对自己客观、公正、全面、充分认识的基础上。二是及时完整。在就业信息中，无论是宏观的经济社会发展趋势信息还是微观的用人单位招聘信息都具有很强的时效性，过时的就业信息大部分都是无效信息。例如很多招聘信息都有截止时间，对那些已过截止时间的招聘信息，毕业生在筛选时可以直接忽略掉。某些就业信息有可能并不完整，毕业生对此就不能直接忽略，而应在分析其价值的基础上区别对待：对其中那些价值不大的予以忽略，而对那些虽不完整但很有价值的则应继续了解。

### （二）就业信息决策和运用

信息要为决策服务，前述的就业信息工作最终还要落到决策上。决策是一个综合性的过程，它并不同于在分类上的比较。后者是单一维度内的比较和择优，而前者则是多个维度的综合平衡，这其中存在取舍和博弈。没有哪一条就业信息是能让毕业生完全满意的，其中总有这样或那样的不尽如人意之处。这就需要毕业生综合各方面情况进行决策。SWOT分析法是很好的就业信息决策方法。SWOT分析是指将与研究对象密切相关的各种内部优势、劣势以及外部的机会和威胁等，通过调查列举出来并依照矩阵的形式排列，然后用系统分析思想把各种因素相互匹配起来加以分析，从中得出一系列相应的结论，而其结论通常带有一定的决策性。对毕业生而言，它不仅可以用于整体的就业决策，还可以具体运用于就业信息决策。以招聘信息为例，工作地点属于威胁，即毕业生自己不能控制但可以弱化其外部消极因素，例如搬到工作地点居住；优先录用条件属于优势，即毕业生自己可控制并可利用的内在积极因素，对优先录用条件与自身优势相符合的职位优先考虑；薪酬属于机会，即毕业生自己不可控制但可以利用的外部积极因素，它虽由用人单位决定但劳动者完全可凭自己的努力多劳多得；某些特殊能力要求属于劣势，即毕业生自己个体可控制并可努力改善的内在消极因素，暂时不具备但可以通过参加培训或者刻意培养在短时间内具备。毕业生可以从这四方面对就业信息展开 SWOT 分析并进行决策。

对毕业生而言，运用是就业信息活动最终的归宿。在运用就业信息时，应注意以下几方面：首先，及时、主动地与用人单位联系。如前所述，就业信息具有很强的时效性。以招聘信息为例，它在发出后被毕业生搜集到时已不是第一时间，随后毕业生还要对其进行筛选、分类和比较并进而做出决策，又要经过一段时间。因此毕业生在做出决策后应马上主动地与用人单位联系，询问应聘的方式、时间、地点和具体要求，并且准备好完整的求职材料，从而使信息尽早变为沟通供需双方的桥梁，否则招聘信息很有可能过时。

其次，有时候就业信息是一面镜子，它能反映毕业生的某些不足。毕业生应对照用人单位的需求努力查找自己的不足，及时充实自己的知识、提升自己的能力，弥补不足。这虽然看起来好像是临阵磨枪，但从长远看也有利于毕业生今后的职业发展。毕业生只有根据就业信息不断地调整自己，才能在职场中抢得先机，立于不败之地。

最后，要有自信。有些用人单位的招聘要求看上去很高，但有可能只是走个形式，实际上其要求并没有那么高。毕业生如果就此望而却步则大错特错。招聘的要求高，是招聘单位想要得到素质、能力更加出色的人，并不意味着每个应聘者都要达到招聘信息上所提的各项要求。作为应聘者不妨自信一些，只要有能力，招聘单位一定会慧眼识珠的。

# 第六章　新时期高校学生工作管理创新

## 第一节　新时期高校学生工作管理创新的思考

### 一、新时期坚持高校学生工作创新的原则

#### （一）政治原则

教育是民族振兴和社会进步的基石。要坚持教育优先发展，全面贯彻党的教育方针，坚持教育为社会主义现代化建设服务、为人民服务，把立德树人作为教育的根本任务，培养德智体美全面发展的社会主义建设者和接班人。"教育优先，教育公平，素质教育，立德树人"成为人民满意教育的关键词。社会主义核心价值体系是兴国之魂，决定着中国特色社会主义发展方向。用 24 个字提出覆盖全国各方面意见、反映现阶段全国人民最大公约数的社会主义核心价值观。分别从国家、社会、个人三个层面表述。国家层面是富强、民主、文明、和谐；社会层面是自由、平等、公正、法治；公民个人层面是爱国、敬业、诚信、友善。

因此，在学生工作创新中要积极做好社会主义核心价值体系的捍卫者、传播者。新形势下高校学生工作的创新，必须牢固树立和坚持社会主义办学方向。只有这样，才能为培养合格的社会主义建设者和接班人服务。

#### （二）以人为本原则

以人为本原则即以学生为本，促进学生全面发展的原则。人的全面发展是教育的根本目的之一，同时也是现代化的内涵之一。在学生工作创新设计、布局的时候，要充分考虑并始终坚持"以人为本"原则。要以提高学生的综合素质、促进学生的全面发展为核心，要明确学生的主体地位，鼓励学生参与学校的教育教学和日常管理工作，创造宽松和谐的学习、生活环境，为学生提供多种学习、生活方式，引导学生进行自我教育、自我管理和自我约束，培养学生的探索精神和创新能力，造就不拘一格的人才。

### （三）传承原则

传承原则即继承与创新相结合的原则。要继承我国高校学生工作的优良传统和以往行之有效的做法，努力研究新形势下高校学生工作的特点和规律，不断进行学生工作创新，并在实践中完善、提高。这里的传承原则还有工作衔接的意思。因此，希望借助高校体制改革，传承延续好的政策，既是对于新时期高校学生工作的保护，也是高校在学生工作创新方面需要坚持的原则之一。

### （四）"双主体性"地位原则

"以学生为本"不是口号，要体现在具体的工作之中。特别是在"主体间性"理念提出之后，越来越多的学生工作者认识到明确学生"主体地位"的重要性。同时学生和教育者"双主体"地位原则，也是深入落实科学发展观的需要和要求。对于部分学生来说，他们对社会主义核心价值体系的认识仅停留在理论学习，没有内化成理想信念和行为准则。如果只靠教育者占"主体地位"的"灌输式"教育，是达不到良好的教育目的的。

教育者应主动放下"说教者""管理者"的身段，充分尊重学生的权利和意见，学会换位思考。在制度建设、教育环节的设计等方面，要体现平等、互动，通过实践"自我教育"和"自我服务"，实现教育的功能。

### （五）"三贴近"原则

"三贴近"原则，即大学生思想教育贴近实际、贴近生活、贴近学生原则。在新时期实施素质教育，要坚持面向全体大学生，以全面发展为宗旨，以学风建设为中心，以良好行为习惯养成为重点，充分发挥大学生的积极性和主动性，促进有利于大学生自我成熟和成长成才的内在素质和品质的全面改善，着力提高大学生服务国家服务人民的社会责任感、勇于探索的创新精神和善于解决问题的实践能力。

## 二、新时期高校学生工作创新的主要方面

### （一）工作体制和运行机制的创新

我国高校的学生工作体制及其运行机制，目前已形成校、院（系）两级管理，条块结合、网状运行的机制。工作体制本身不是一成不变的，运行机制也是一个动态的优化过程。只有不断研究新情况、新问题，重视以体制、机制创新激发育人工作的活力，才能把握时代脉搏，培养更多更好的人才。

在工作体制和运行机制创新的工作中，可以考虑充分发挥学生的主动性、积极性，在其实现"自我教育""自我管理""自我服务"的同时，锻炼自身能力推动学生工作开展。下面，以沈阳航空航天大学设立"辅导员流动工作站"为例，探讨新时期高校学生工作体制和运行机制的创新。

沈阳航空航天大学设立的辅导员流动工作站包含寝室辅导员流动工作站，自习室辅导员流动工作站，文体活动辅导员流动工作站，党建、团建中的辅导员流动工作站，微博等新媒体中的辅导员流动工作站等。辅导员流动工作站深入学生学习、生活的方方面面，拓展辅导员的工作半径。

### 1. 辅导员流动工作站的定位

设立辅导员流动工作站，不是对班主任制度、辅导员制度的否定，而是作为新形势下学生工作方式与方法的有效补充，是有针对性地将日常管理与大学生自我教育相结合的尝试。辅导员流动工作站中的辅导员助理既是学生的学长、益友、良师，更是新生在大学生活中的榜样。发挥活生生的榜样在身边的帮扶带动作用，让刚入学的新生迅速转变角色，尽早完成从中学生到大学生的转变。

### 2. 辅导员流动工作站的组成

辅导员流动工作站由辅导员助理、辅导员、班主任及学生骨干组成。在三年级学生中跨界挑选品学兼优的学生担任辅导员助理走进新生寝室，与新生同吃、同住、同学习，帮助辅导员管理大一学生，给新生提供一个寻求帮助的渠道。跨界选聘的举措可以让高年级更有经验、榜样作用更突出的优秀辅导员助理带领学生骨干共同开展辅导员流动工作站的工作，实效性更加突出。辅导员、班主任则是辅导员流动工作站全部工作的指导和规划者。这样安排的意义绝不是放任学生不加约束地管理，而是在辅导员、班主任全程指导和有力的组织保障前提下，大学生自发组织发挥自我管理、自我教育作用的积极体现。

### 3. 辅导员流动工作站的工作机制

辅导员流动工作站以"一进二助三同"为工作目标。一进即走进新生寝室，共同建设温馨和谐的寝室；二助即"助困""助事"，"助困"指帮助学习困难和经济困难学生，"助事"指用高年级学生的经验阅历帮助新生解决学习、生活中遇到的困难；三同即"同生活""同学习""同实践"。辅导员助理本着对新生的关爱和责任心，深入新生生活，与新生建立起融洽、亲密、互相信任的关系。辅导员流动工作站落实以下三项基本任务：

（1）指导班级干部一起根据年级的工作安排来制订本班的活动计划，起到班级管理的作用。要深入学生日常性活动，如早操、晨读、上课、自习等。将辅导员流动工作站"流动"起来，引导和组织同学积极参加社会实践活动、学术活动和文体活动，培养、提高该专业同学综合素质。

（2）通过辅导员助理的表率作用，培养学生良好的学习、生活习惯。在平时工作、学习中表现出示范激励作用，通过做一些日常基础性工作，将学校各项育人措施贯彻到学生中去。辅导员助理不但要把学校教育工作的各种信息传递给学生，而且要及时了解和收集学生的意见和要求反映给辅导员，起到沟通和桥梁的作用。

（3）辅导员流动工作站是党团组织进宿舍，走进学生中间的有力举措，是德育工作向学生延伸的组织保障，是党建、团建工作的新载体。辅导员助理等一批学生骨干要起到表率带头的正面引导作用，通过辅导员流动工作站的运转，使党建、团建工作不再拘泥于形式，更具有活力，更贴近学生。学生们天天和"榜样"学习、生活在一起，这样的教育效果是以往的教育模式所无法比拟的。

辅导员流动工作站制度是辅导员工作机制创新的科学实践。实际工作中，事务性工作往往牵扯了辅导员大部分时间和精力，导致辅导员疲于应付事务性工作与思想教育两项任务。可以说，辅导员与学生之间的距离不仅仅是"空间距离"，更为严重的"心理距离"和"思想距离"已经横亘在师生之间。因此，善于处理与学生的关系是摆在学生工作者面前的首要问题。

因此，"辅导员流动工作站"是在工作中坚持"眼睛向下、重心下移"的工作原则，积极探索利用有效载体构建新的工作渠道、扩大工作覆盖面的机制，着力创新方式方法和健全长效机制，是在长期基层群众工作的经验总结和积累的基础上的"创新"工作机制。

**（二）工作内容的创新**

我国高校学生工作的职责范围为学生思想教育、日常管理、党团建设、勤工助学、就业指导、奖贷困补、招生就业、宿舍管理、学风建设、学生第二课堂活动、社团建设、校园文化活动等。随着市场经济的发展，高校学生工作开始与市场经济接轨，如很多高校建立了毕业生就业指导中心，为学生提供就业信息，协调毕业生就业过程中遇到的问题；一些高校设立了大学生心理咨询中心，为学生开展心理健康服务；近几年建立的大学生贷款制度、学费制度等，学生工作在其中扮演了重要的角色。

新形势下要努力探索学生工作的新特点，对学生工作人员的职责范围进行重新研究和定义，调整工作重心，有所为有所不为，在如何引导学生、锻炼学生上下功夫，减少重复性工作，提高工作效率。以"学生第一，服务至上"为宗旨，以"帮助学生成才，解决学生困难，方便学生办事，维护学生权益"为目标，可以通过建立"学生一站式服务中心"来实现这一目标。

学生一站式服务中心围绕学生的教育管理、帮困助学、权益维护、学务管理、就业指导、后勤保障等实际需要，由学生处、教务处、保卫处、后勤集团、电教中心、团委、总务处等部门在大学生服务中心设立服务窗口，为广大同学提供方便、快捷、高效的"一站式"服务。在实际工作中，提高了学生的办事效率，拉近了教育者和管理者之间的距离。此外，就学校管理本身而言，提高了管理的规范性和工作效率。

学生一站式服务中心这一创新工作，可以说是借鉴政府部门"一站式行政办事大厅"的移植和实践。一站式服务中心的建立改变了以往学生办事要跑半个校园的尴尬局面，是以人为本理念的具体体现。学生一站式服务中心在总体设计方面就体现了人性化、效率化和全员化。因此，学生一站式服务中心无论是建设初期的规划设计还是建设过程，到制度建设都充满人文关怀。

### （三）工作方式的创新

传统高校学生工作方式的不当主要表现在三方面：一是不断更新的学生工作队伍往往按照"师父带徒弟"的模式进行工作，缺乏科学、规范的方法体系，对学生管得严、管得细，学生工作者琐事缠身，不利于他们从事务性的工作中抽出时间学习，进一步提高自身的理论水平和工作能力；二是随着信息时代的到来，传统的学生工作方式已相形见绌，学生工作面临着现代化和科学化的挑战；三是教育管理常常是管而不导、堵而不疏，这种治标不治本、浮在面上的工作方法，已不能适应当代大学生的成才成长需要和现代高等教育发展的形势。新形势下必须加快学生工作信息化进程，对学生工作人员进行科学培训，变以往的家长式、保姆式、灌输式的教育为疏导、启发、自我教育为主的方式。

在新时期工作方式创新工作中，还要特别注重和强调全员育人，形成合力。这就要求在设计学生工作时，从高处着眼，构建制度体系以实现各部门、各单位密切配合。在此，笔者举沈阳航空航天大学聚全校之力加强学风建设的案例作为说明。

首先，加强监督体系建设。有效的监督制度是保证学风建设成果的重要保障。学校为了加强学风建设，进一步强化监督制度建设。一是完善教学监控体系；二是进一步强化学校中层以上领导每学年、每学期进入课堂听课制度；三是加强期中、期末的教学检查，及时对教师的教学工作进行科学有效的考核，提高教师的教学质量；四是强化教学督导对教学的指导作用，进一步端正教师的教学态度、提高教师的教学技能。

其次，加强教师培训，夯实基础。为促进学校学风建设，提高教师思想水平和业务能力，学校对新入职教工、新生班主任、学生辅导员进行系统培训。通过进一步明确学校发展目标，激发教师工作热情，强化教师工作责任，倡导建立一支献身教育、师德高尚的教师队伍，同时希望教师能成为学校学风建设和教育教学质量提高的主力军。

再次，"三早一晚"常抓不懈。"三早"即早起、早操、早自习制度。随着对早起、早操、早自习制度经验的不断积累和推陈出新，各个学院各个年级根据各自的专业特色和阶段目标，"三早"的形式也进一步多样化。如早起英语听力训练、早起晨读、早起跑步、早起自习等多种形式，成为校园早晨一道亮丽的风景。"一晚"即晚自习制度。多年来，为了更好地做好新生从高中到大学的衔接工作，学校一直坚持晚自习制度。为了使晚自习制度落到实处，各院系辅导员、班主任在学工委、学生处的领导下，亲自联合督查，进一步端正了学生的学习态度、提高学生的学习效率。如今，"三早一晚"制度已成为学生课堂学习的重要补充、学生自主学习养成的关键环节、加强学风建设的重要内容。

从次，人文讲座激发动力。高品位的校园文化是学风建设的重要保障，也是学校良好学风的重要载体。通过系列讲座活动，进一步激发了学生的学习热情，也更加使学生认识到自我管理、自我教育、自主学习、自我服务的重要性，从而激发了学风建设中学生自身的"源动力"。

最后，万人大会凝心聚力。学校在校体育场召开"学风综合治理"动员大会。全体教师，机关和教辅单位科级以上干部、教学督导组全体成员以及全体在校学生18 000余人参加了大会。大会的成功召开，对加强和改进学风建设有着重大现实意义，进一步统一了思想，激励了全校师生为创建优良的学风、加强内涵建设、提升教育质量做出自己应有贡献的决心。正是在教学与管理齐抓共管、全校上下共同努力下，充分发挥学生在学风建设中的主体作用，从制度建设入手，从"养成教育"做起，学风在短时间内得到了明显改善，并步入良性发展的轨道。

众所周知，学风建设是一项系统工程，需要学校、家庭、社会、学生工作齐抓共管。教务处牵头，以教风促学风，从制度建设入手，对教师选拔、备课、授课、课件等具体工作有明确的要求。明确了分工，即课堂内交给教师，课堂外由学生工作、校园文化占领阵地。在"三早一晚""小班制"管理等工作中，加强辅导员的配合和监控。打通了"教务—学生工作""辅导员—班主任""家长—学校"之间的脉络，实现信息互通、目标一致。

### （四）队伍建设的创新

实现学生工作的创新，必须按照"政治坚定、业务优良、专兼结合、结构合理、相对稳定"的要求，采取一系列切实可行的制度和措施，不断加强学生工作队伍建设。学生工作队伍应走"高学历、专业化"的发展道路，并注意年龄结构的合理化。要像培养业务学术骨干那样，花大力气培养高水平、高素质的学生工作骨干。凡在学生工作岗位上干满一任的，根据工作需要、本人条件和志向，有计划地定向培养，安排他们参加脱产、半脱产或在职培训、进修。要坚决摒弃思想工作人人都能做的错误观点，对政治素质好、责任心强、擅长做学生工作的优秀青年人才，要注意发现、培养并大胆选拔、任用；对经过一定时间检验不适合做学生工作的人，也要帮助他们及时转岗，以提高队伍的整体素质。严格管理与加强培养并举，切实解决政治辅导员对发展问题的担忧，是高校学生工作队伍建设亟待解决的问题。

高校学生工作队伍建设走职业化、专业化和专家化道路，不仅是高校发展的客观要求，是高校学生工作者谋求生存和发展的需要，更是学生工作队伍建设创新的必由之路。

### 1. 队伍建设的方向

第一，职业化。学生工作是集理论性、知识性、实践性、时代性、实效性为一体的工作，是一种专门的职业。为此，要形成一种长效机制，创造一种环境、氛围，使这支队伍始终感到工作有成效、干事有平台、发展有空间。这不但是工作的需要，也是这支队伍自身发展的需要。

第二，专业化。高校学生工作队伍处于大学生思想教育的第一线，各种思想教育活动都要依靠他们去落实，其业务素质与水平直接影响到学生工作的成效，影响到人才培养质量。因此,高校学生工作者要把学生工作当作自己毕生追求的事业去经营,掌握现代学生工作的规律,通过不断努力来赢得自身的发展。

第三,专家化。高校学生工作者只有既是完成学生日常教育管理服务工作的多面手,又是学生就业指导、生活学习指导、成才指导、心理咨询、形势与政策教育等方面的专家学者,才能满足学生工作的客观需要,才能保证工作质量,增强自身的竞争力。

因此,在工作的过程中,高校学生工作者不能仅应付日常事务,还要不断地学习和研究问题,要鼓励一部分长期从事高校学生工作的教师成为思想教育方面的专家,以确保高校学生工作者骨干力量的相对稳定。

### 2. 教师专职辅导员

"教师专职辅导员"是指在高校教师中选拔的,从事专职辅导员工作的辅导员。"教师专职辅导员"加入学生工作队伍,对进一步做好大学生思想教育工作有十分重大的意义并有很强的实用性和推广价值。

首先,高校教师和辅导员一起从事学生思想政治工作,能够促进不同思维和理念的相互交融,有利于学生思想政治工作水平的提高,对良好学风的形成也能起到很好的推动作用;其次,高校教师自身的专业优势,使其能够发挥不可替代的作用。"教师专职辅导员"具有得天独厚的专业知识优势,对专业有深刻的了解,知识丰富,可以对学生进行长期密切的专业指导和引导,有利于培养学生学习兴趣,进而促进学生养成良好的学习习惯;再次,高校教师从事专职辅导员工作,有利于其自身教学水平的提高。"教师专职辅导员"在工作期间和学生朝夕相处,会更加直观了解学生思想动态和学生的实际情况,会掌握学生的第一手资料,这些势必会对其日后从事教学工作带来促进和帮助;最后,作为辅导员人才选拔的重要来源,能够解决或缓解某些高校辅导员短缺的问题。从学历层次等方面来看,高校教师具备从事辅导员工作的条件,因此可以作为辅导员人才选拔的重要来源。

将"教师专职辅导员"纳入学生工作队伍是经过深入调研、科学实践的创新举措。从执行过程来看,使教师担任学生思想政治辅导员有了制度的保障和约束,密切了学生思想工作队伍和专任教师之间的联系,切实加强了辅导员队伍建设,有力推动了学校大学生思想教育工作的开展。

### （五）扁平化管理理论

"扁平"概念来自管理学理论中的两种基本管理组织结构形态之一的扁平结构形态(另一为锥形结构形态即金字塔形态)。扁平结构是指组织规模已定、管理幅度较大、管理层次较少的一种组织结构形态。扁平化管理组织结构的优点是:由于层次少,信息的传递速度快,从而可以使高层尽快地发现信息所反映的问题,并及时采取相应的纠偏措施;同时信息传递经过的层次少,传递过程中失真的可能性也较小。

将扁平化的管理理念引入高校学生工作领域,可以不断开阔高校学生工作改革创新的思维和路径。一是为实现学生工作科学化、规范化提供可能。随着政策性、程序性、专业性较强的学生事务（如学生资助、心理咨询、就业指导等）进入高校学生工作的范畴，高校可以建立校级层面的专门性机构直接面对学生提供规范化的指导服务。二是为实现师生双主体性提供可能。思想教育的教育者和受教育者，都是具有主体性的人，都是教育、教学的主体。提高管理的"柔性"度，增强教育的互动性，便于教育者和受教育者双主体性的发挥。三是为辅导员专家化发展走向提供可能。金字塔式的学生工作体制使繁重的事务性工作始终压在辅导员的肩头。只有将已经成熟的、程序性的工作从二级院系剥离提升，辅导员才能从繁杂的事务性工作中抽身，集中精力开展深入细致的思想教育工作，专注于大学生理想信念塑造的教育研究和实践提升，从而走上专业化发展的道路。

在实践中，需要着重做好以下三方面工作，将扁平化管理工作理念引向深入：

首先，将扁平化理念和以人为本工作理念有机结合。要大力提倡领导和学生、管理者和被管理者面对面沟通。尝试"校长早餐日"等创新载体，在细微处做文章，在细微处见真情。

其次，积极构建扁平化的组织机构。如"大学生就业指导中心""大学生心理辅导中心""大学生网络服务中心"等专门机构，直面学生的需求，不断提高服务质量，提升学生工作专业化、规范化的水平。

最后，努力构建平等的扁平化师生体系。和谐的师生关系是做好高校学生工作的保障和前提。扁平化师生体系能够有效拉近师生之间的距离。要进一步加强学生工作重心下移，通过设立校长等管理者信箱，开展师生共同参与的活动，开设辅导员博客等渠道建立和学生的多方面联系，加强和学生的交流沟通，通过践行扁平化管理理念建立融洽的师生关系，从而推动高校学生工作的开展。

高校学生工作是一门思想性、政策性、实践性和综合性都很强的科学。面对思想活跃、知识面宽广、渴求理想与创造的年轻人和瞬息万变的现代社会，学生工作必须有先进理论的指导。做好新形势下的学生工作必须采取强有力的措施，加强理论研究，以理论研究的蓬勃发展带动学生工作的创新，如设立"学生工作理论研究"专项科研基金，对学生工作中的一些重要课题进行学术研究，这不仅可以解决学生工作创新的理论指导问题，而且可以为学生工作干部的职称晋升创造条件，培养学生工作专家；设立"学生工作创新奖"，鼓励基层学生工作组织进行工作创新，及时总结经验，并积极推广，从而形成生动活泼的学生工作新局面。

## 三、新时期高校学生工作创新的着力点

### （一）牢固占领网络阵地

当前，网络的发展更是日新月异。从 QQ 到微博、微信，网络正在悄然改变人们的生活。在校大学生与传统媒体基本"零接触"，他们所获得的信息主要来自互联网。网络的共享

性、便捷性、互动性和开放性等特点，给高校学生工作带来了挑战，同时也带来了机遇。因此，高校学生工作要契合时代发展的需要，主动占领网络阵地，充分发挥其优势，进一步探究网络在学生工作中全方位地发挥更大作用的机制，为学生工作的创新性实践寻求一个全新的平台。

微博已经成为新媒体中的重要平台。在运用微博占领网络阵地方面，"五微五阵地"育人新机制给新时期高校学生工作创新带来很多的启迪。"五微"即微协会、微活动、微服务、微论坛、微文化；"五阵地"即努力将团学组织微博建设成为思想引领的新阵地、成长服务的新阵地、组织动员的新阵地、答疑解惑的新阵地、工作创新的新阵地。

校团委广泛宣传，积极动员，公开选拔学生参加微博管理服务中心团队。微博管理团队成立后，积极推进思想教育网上、网下"两线作战、联动并进"，加强网上、网下的活动设计，开展富有思想内涵、融合时尚元素、学生喜闻乐见的各类活动，依托新媒体平台帮助学生、引导学生、教育学生。不定期举办"书记早餐会""校长面对面"等活动，通过微博报名、微博提问、微博直播等方式，使微博成为倾听学生心声、了解学生动态、引导学生参与学校民主管理民主建设的平台。

通过不定期举办"网络与青年担当"等微论坛，为学生提供健康有益、丰富多彩、方便学习工作生活的信息内容，使微博成为传播积极健康向上信息和文明理性表达意见的新平台。在学雷锋月期间，通过每天定期发布有关学习雷锋精神的微博，倡议开展学雷锋微行动，把学雷锋的感悟、《雷锋日记》的精彩语录等发布在微博上，起到了较好的引领作用。

此外，微博管理服务中心定期将微博中学生反映强烈、关注度高的问题分析汇总，发布给学校各职能部门。各职能部门结合学生提出的热点问题，及时予以解决，暂时不能解决的，及时向上级领导部门汇报，并主动和学生说明情况。这样一来，微博不仅拉近了学生和管理者的距离，而且能主动化解"危机"，加强了管理者和学生间的联系，已经成为不可缺少的纽带。

### （二）创新学生公寓工作机制

随着后勤社会化的逐步深入，学生公寓剥离学校后勤实体的直接管理，由公寓物业进行管理。诚然，物业管理公寓有其自身的优势，可以集中资源，并为学校减轻负担。但是，由于物业管理人员在自身素质和管理定位方面存在"先天不足"的弱项，如管理者的水平和层次较低、管理力度较弱等，这就容易导致公寓物业管理与学生思想教育工作管理难以很好地协调统一起来。

以沈阳航空航天大学为例，经过深入调研和科学实践，沈阳航空航天大学学生工作委员会决定在宿舍建立"辅导员工作站"，坚决占领寝室阵地。"辅导员工作站"不是又一个辅导员办公室，而是一个较为系统的工作阵地前移。以计算机学院为例，该学院以"促进学生公寓建设，将学生思想教育工作落到实处"为指导思想，采用"一站五室式"的工作模式，在具体落实中努力做到五"进入"一"深入"，即：辅导员进入公寓、党建进入公寓、爱心进入公寓、帮困进入公寓、服务进入公寓——大学生思想教育深入公寓。将"辅导员工作站"这一站与"党员工作室、爱心扶助室、心理咨询室、小先生教室、电脑急救室"五室的职能有机结合起来，使学生党建、扶贫帮困、学业指导、电脑急救、心理咨询等工作深入学生寝室中，同时对学生会各相应部门学生干部也是个锻炼和提高，丰富了学生会、学生社团的组织内涵和服务意识。

### （三）建立家访工作长效机制

家访工作是辅导员对大学生进行思想教育的重要途径和方法之一，是学校和家长沟通的纽带，是了解学生的钥匙，是高校教育和管理的补充和延伸，对促进学生身心健康发展和辅导员的工作具有积极意义。在家访中应注意以下几点：

（1）将家访与解决学生的实际问题结合起来。经济困难学生、学习困难学生等特殊群体学生，以及综合表现优秀的学生，应该是家访的主要对象，强化家访工作的针对性和有效性。

（2）将家访工作中的教育性和艺术性结合起来。家长会必须坚持学生在场的原则，也这是对学生进行教育的一种方式。学生在场原则指的是家访时让学生在场，家长、老师、学生在一种温和、平等、轻松的气氛中进行"三方对话"，可以使学生愉快地接受教育，这样既可以增强师生之间的信任，消除不必要的疑虑，同时也可以给学生讲话的机会，有利于消除消极因素，保证意见的准确性和教育措施的切实性。此外，家访中辅导员讲话也要有艺术性。在教育中体现艺术，在充满艺术的对话中蕴含教育。比如，对于学习或行为表现上有问题的学生，不要一味地批评，也要给予充分的鼓励；对于家长会上所讲的学生中出现的问题，也不要有直接针对性，要从分析原因入手，让听者信服和领会。

（3）将平时家访与家访长效机制建设结合起来。要通过平时家访，探索如何实现家访工作的长效机制，为学生的成长成才提供条件。学校教育固然重要，但家庭教育也必不可少，这就要求在工作中应该采取措施使家访工作常态化、机制化。

### （四）创新班集体工作机制

班集体是学生在校生活、学习的基层组织单位。班集体建设直接影响学风建设、安全稳定等方面工作。长期以来，班集体建设一直是高校学生工作的重要工作内容之一。

随着学分制改革、网络选课等新媒体工具的运用和普及，加上高校扩招带来办学资源紧张的问题，大学班级往往没有固定的学习教室，导致班级同学联系减少，班级功能弱化。班长、团支书、学习委员等班级干部渐渐成为通知各项事务的"通信员"，失去了管理、引领同学共同进步的职能。班集体功能的弱化已成为不争的事实。因此，在新时期，面对学生工作的新形势和新特点，还要不遗余力地加强班集体建设。有条件的学校，要尽可能为班级提供较为固定的学习、活动场地，方便班集体、团支部活动的开展。

在实际工作中，有些辅导员过于依赖班长、团支书等主要班级干部，注重任务的布置、落实，轻干部队伍建设和干部能力的培养。长此以往，容易造成其他班级干部工作热情的挫伤和学生干部能力的不足。因此，要关注和加强学生干部队伍的建设和班级干部工作能力的锻炼、培养，充分发挥每一名班干部的特长和积极性，切实构建学生自我教育、自我管理、自我服务的工作机制，推动班级各项工作的开展。

在新形势下，有条件的高校可以尝试小班制管理。所谓小班制管理模式，即为每个班级配备一名班主任，固定一个专用教室。此外，还要创新班团会模式，鼓励学生以班级为单位走出校园，开展社会实践、奉献爱心等公益活动，寓教于活动。在活动中增强班集体的凝集力和战斗力，把班集体建设成为大学生心灵之家。

### （五）构建新时期学生评价机制

目前我国高校对学生的评价主要体现在以奖学金评定为代表的学业评价、以评优评先为代表的综合素质评价和以四六级等为代表的某方面能力素质评价三种。现行学生评价制度存在五点问题：第一，评价目标强调共性，忽视个性发展；第二，评价功能重视选拔，忽视改进、激励；第三，评价内容重视全面性，忽视层次性；第四，评价重视结果，忽视过程成长；第五，评价组织机构重视执行职能忽视监督。为了更好地做好学生评价工作，充分发挥激励机制在教育中的导向作用，要努力构建新时期学生工作评价机制。要树立发展性学生评价理念，促进学生全面发展，同时还要树立主体性和差异性评价理念。要健全评价申诉制度，构建学生评价网络信息平台，构建一整套切实可行的学生评价机制。

在构建学生评价机制方面，可以借鉴"多重智力理论"。"多重智力理论"指出，传统的智力观过于狭隘和片面，把智力主要局限在语言和数理能力方面，而人拥有至少九种智慧和能力。"多重智力理论"带给人们的启示是，每个人的智力特长是不同的，不能用单一的、统一的标准评价和管理学生。多元评价模式可以作为一项尝试。可采取"学习成绩＋实践能力＋特长"的综合评价机制。特长不是爱好，可以用学生在课外文体或科技方面取得的成绩按一定比例折算。这样就能够比较全面地评价学生的综合素质，有利于创新型人才的培养和学生的全面发展。

# 第二节 信息化背景下高校学生管理工作创新

随着时代的发展，我们已经进入信息化社会，信息技术已经渗透到人们生活中的方方面面，高校教育也不例外。在高校学生工作管理过程中，人们开始利用信息技术进行管理，极大地提高了工作效率。信息化背景下的学生管理工作需要进行理念的再造和模式的创新。

## 一、学生工作的理念再造

学生工作信息化并不是简单地在学生工作中推广使用计算机，也不是定位于某一类特殊的信息，而是培养造就一支懂得现代管理、具有现代知识、胸怀全局的干部队伍。今天信息化正在席卷全球，西方国家借助全球网络加紧对发展中国家的意识形态的渗透和文化的侵略。面对信息化所带来的机遇和挑战，学生工作者应该积极行动起来，借助先进的现代科学技术，传播我们的思想、观念，培养一代又一代面向 21 世纪的优秀人才。

要使学生工作信息化，首先一条就是要领导重视。客观地说，学生工作队伍中，有懂计算机的同志，但不懂的人还很多。作为学生工作的领导需要有序推进学生工作的信息化。首先，领导应有一些信息化的基本知识，能大概地了解计算机原理及其功能，以及它包括的主要设备；其次，领导最重要的是应有提高学生工作水平的设想和运用现代管理科学的设想；再次，领导要懂得学生工作信息化的推进步骤和每步的主要工作；最后，领导要会用人，会组织队伍。

互联网的发展加速拓宽了人们利用网络进行数据转化的可操作时间与空间。传统的网络环境要求使用者要具备一定的计算机操作能力，而如今的大数据环境降低了人们上网的准入门槛。对于大学生群体来讲，他们能够通过手机、电脑等移动终端随时随地地通过网络获取所需要的信息，将以往的单向获取数据转变为双向共享数据。智能终端的利用极大地方便了大学生的日常学习和生活。

在新时代，大学生的数据素养呈现进步性和适应性。

第一，在复杂的网络信息环境中，大学生在数据演化的过程中呈现出协调性、复杂性的特征，个体在进行数据交换和使用行为的同时，能够根据自身的需求来调节数据应用方式，如越来越多的大学生能够利用手机和平板电脑等移动终端进行在线购物、网络社交等行为，不再利用传统的 PC 端访问。

第二，大学生能够利用更多样的渠道来获取数据，除了常用的网站、微信、微博等新媒体渠道，大学生还能通过抖音、快手、花椒等视频和直播平台来获取有效的数据。

第三，大学生的数据辨别能力显著提高。如今，大学生数据搜寻呈现出碎片化的趋势，海量的信息不断地向大学生输出，使得大学生的甄别和处理数据能力稳步提高。

## 二、学生工作的流程再造

### （一）梳理学生工作的流程

要实现学生工作的信息化，首先很重要的一环就是对现有学生工作的多个项目进行有效的梳理，逐步使各项工作程序化、标准化、科学化。下面列出了从学生角度看到的国家助学贷款的申请流程（如图 6-1）。

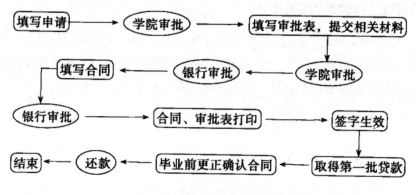

**图 6-1 国家助学贷款申请流程图**

　　传统的学生工作流程是基于手工审批方式，工作手续繁杂，填写的内容多且易出错，重复工作多且周期长，多方面所耗人力物力大。要实现学生工作的信息化，就必须建立基于网络的工作方式，使学生工作更为规范、迅速和合理。以国家助学贷款为例，现对国家助学贷款的流程进行以下改造，如图 6-2 所示。

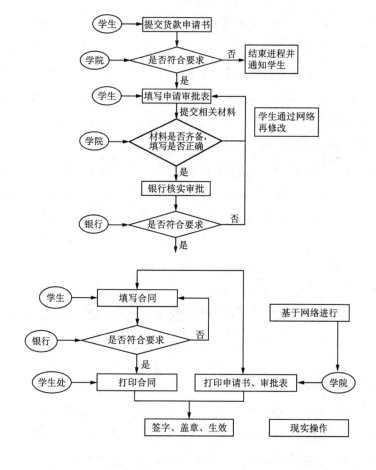

**图 6-2 申请审批流程图**

## （二）学生工作数据的规范化

传统方式效率低下的一个重要原因就在于手工填写对数据的规范的控制难度很大，因而审核的工作量巨大。学生工作规范化通过设立有效的数据检验、数据类型检验、数据含义检验、数据格式检验来规范数据，实现学生工作数据的规范化。

## 三、学生工作的方法再造

### （一）重视学生工作信息化基础建设

至今，仍有许多学生工作部门没有配备相应数量的电脑，为数不多的学生工作电脑也未能与其他电脑联网。针对上述情况，建议上级部门加大对学生工作经费的投入，配备必要的设备。在此基础上，有针对性地引进或自行开发学生工作的应用软件，使之能应用到实际工作中。

### （二）建立学生工作管理信息系统

要实现学生工作信息化，很重要的一条就是要收集、整理学生工作的各种数据，按照统一的标准，对学生工作中的各种数据进行采集、分类、加工，构建学生工作管理信息系统，使学生工作的信息化落到实处。

在领导的重视下，首先成立由有关专家，如学生工作专家、计划专家、系统分析专家、运筹专家、计算机专家等组成的专家组。其次，对学生工作管理信息系统的开发进行系统规划，主要有：确立信息系统的目标、确立信息系统的主要结构、确立工程项目的可行性研究等。再次，着手对系统的分析，主要有数据的收集、数据的分析、确立系统数据流程图以及系统设计方案；然后，着手系统设计，主要确立计算机系统流程图和程序流程图，设计好编码、文件、程序以及输入输出方式；接下来，着手机器的购买、安装，程序调试、系统的切换以及系统的运行和维护等，达到系统的实现。最后，着手对建成时系统的评价和运行后的评价。[①]

# 第三节　社会工作嵌入的高校学生社区管理模式创新

## 一、学生社区的概念

学生社区是德国社会学家滕尼斯（1987）提出的概念，并将其运用在社会的研究中。他认为，社区是一定因素组成起来的共同生活的人群，人们在具有相对完善的生活服务设施的特定场域内从事社会生产生活活动，在社会生活方式以及社区成员心理上具有认同感

---

① 漆小萍.学生工作的设计与评估 [M].广州：中山大学出版社，2003.

和归属感。他认为，学生社区是大学生能够在这里形成良好的人际关系，互帮互助，助力彼此健康成长的区域。他们在特定的区域内，能够为获得知识而聚集在一起，有着共同的精神家园和精神追求。[①]

从以上我们可以看出，学生社区具有区域性、文化性、自治性、归属性，因此本书研究的学生社区是指以大学生住宿集中的公寓为主体、包含各种服务设施的学生共同生活与交往的独立地域，并在这特定的地域中，满足学生日常教育、日常生活、学习交友、能力提升的需求，能够开展部分社会实践活动，进行学生自治。

## 二、高校学生社区管理

在管理学中，将管理的构成要素分为管理者、管理对象和管理手段。管理学强调，管理是在一定系统内，对人力、财力、物力、信息进行有计划、有组织的指挥和协调，最终实现系统目标稳定运行的过程。同时，社区管理常被人们称作社区行政，是社区内各种组织为了达到社区秩序正常、稳定运行，实现人们在社区对美好生活的需求而进行的行政管理和自我管理的活动。在社区的日常管理中，管理者注重社区服务、社区福利、社区文化、社区救助等工作，通过制度的制定、行政化手段、行政管理来实现社区管理的特定目标。

在高校中，大学生社区管理常被称为公寓管理，是以学生宿舍为单位，宿舍楼群为主体，通过保障学生在住宿区内生活学习，提供就餐和体育锻炼等场所，保障学生人身和财产安全，供给物业服务，能够在学校内完成教育教学的目标，实现学生社区稳定和谐发展的活动。随着高校后勤社会化改革，高校学生社区出现学校和社会企业两个管理主体，但大学生社区与一般社区不同的是，大学生社区管理的目的是高校为了维护大学生在校生活期间的人身安全，维护社区正常秩序，满足大学生在社区内学习、交友、生活、锻炼等物质生活和精神生活的需求，管理者和辅导员能够在学生社区内进行日常的思想政治教育，促进学生全面成长而进行的一系列的行政管理和自我管理的活动。具体而言，高校学生社区管理是以高校后勤部门、学生工作处、保卫处为主协同管理学生社区，在学生社区内进行各自领域的管理和提供服务。

## 三、嵌入理论

"嵌入"一词是由经济人类学家与社会学家卡尔·波兰尼最早引进在社会科学之中，他基于保卫社会的理念而指出过分市场化、过分关注经济而忽略社会有巨大的风险，应将社会关系嵌入经济体系之中，市场经济才可以在市场社会中运转。随后，格兰诺维特以社会网为分析工具，更加详细和系统地阐述了具体经济行动与社会结构之间的关系，进一步充实了波兰尼的理论体系。以上两位学者的研究将嵌入的概念带进了社会学的研究之中，为后来的嵌入理论发展奠定了基础。

---

① 侯勇.社会工作嵌入高校学生社区管理模式研究——以S高校为例[D].沈阳：沈阳化工大学，2021.

社会工作介入学生社区管理是被动的干预服务对象，是在服务对象产生问题后向社会工作者进行求助而进行的干预和调节。而社会工作嵌入能够从由内到外、由外到内地进行融合和改变。通过嵌入理论可知，社会工作要嵌入社区管理模式之中，在人员、机制、平台、方法方面显现出社会工作，能够发挥人在情境中助人、自助、平等、尊重的社会工作专业理念，从而优化学生社区管理，促进大学生全面成长。

## 四、社工嵌入式学生社区管理实施路径

高校社区育人工作体制，是高校学生社区育人工作体系有效运作的保障，是能够将社区支持、社区共治、社区服务、社区文化建设融为一体的工作体制。社工嵌入式学生社区管理，其最终目标是学生的成长，就是在社会生态系统理论视角下，要注重环境系统、案主系统、管理系统、嵌入系统、评估系统的社会工作嵌入，实现学生社区管理路径优化，建设和谐社区。

### （一）完善双工社区队伍

高校学生社区管理模式的建构不是一蹴而就的，首先将矩阵化改为全员参与，是全方位育人的一部分。社会工作为管理模式提供专业理论支撑，注重介入路径的设计，重塑高校学生工作者的角色，设定学生社区成长目标。新建构的管理模式，以学生为本，注重学生在学校的成长和培育，发挥学生社区作为教育教学副中心的地位，因此，将建构出的管理模式称为社工嵌入式。

### （二）优化学生社区管理机制

以高校人才培养体系和家庭化培养为基础，结合高校社区的运作实践内容，对社区育人工作体制进一步地完善，根据部门综合、协同管理、多元参与的工作理念，在高校原有社区育人机制基础上，提出一心双工三队伍的工作机制。

首先，一心双工三队伍的工作机制是指社区管理中心、思政工作者、社会工作者、社区志愿队伍、社区同辈互助支持队伍、学生自治队伍，通过相互合作、协同和共治，来建立合理的社区支持体系，保障学生社区辅导员、社会工作者能够有效地开展工作；促进多元主体参与社区共治，给学生参与社区事务提供有力的保障；提供个性化的社区服务，进一步将辅导员的服务职能和社会工作者的助人自助的服务理念相契合，为社区学生提供优质的学习体验和生活服务；不断探索和发展社区文化和社区志愿队伍、同辈支持体系，激发学生对于社区的认同感，增强社区支持和同辈关怀，逐渐增强社区的凝聚力。

其次，由社区管理中心主导，在学生社区配备专职的社区管理员，并聘请学校助管作为社区助管，围绕安全、文明、自律、舒适的培养目标，开展社区课堂、文体活动安全教育、宿舍卫生、住宿管理、志愿服务、门禁管理等活动，在社区深化学生素质教育工作，对学生系统育人工作进行有效补充，做好学生的生活服务、学习服务、行为引导和文化建

设等工作，配合学校处理学生社区紧急情况。

紧接着，由学生辅导员、社会工作者队伍构成的双工队伍入驻社区，各自开展相关工作。在实际工作中，辅导员、心理咨询教师作为学校层面的工作人员，与社会工作者建立同事关系，社会工作者应该与他们一道为学生的成长发展服务。

在实际工作中，各自的工作内容和采取的方法不同，面对学生的管理方面也就有所不同。学生辅导员负责大学生日常思想政治教育、学习奖惩事务等工作。社会工作者负责社区学生走访、心理疏导、危机干预、小组活动、个案管理、新生破冰、新生成长、就业毕业服务等工作。二者相互配合，在保密、尊重的原则下，提供相关资料，与学生工作部一起做好学生社区的建设。同时考虑将高校社会工作专业硕士派驻社区，担任辅导员助理、社区管理中心的实习生、大学生自我管理服务中心的工作人员，补充双工队伍。

最后，是由大学生自治组织秉承自我教育、自我管理、自我服务、自我成长的理念，在学生社区内参与社区共治。在学生社区制定学生公约，开展社区文化的初步探索，并在社区公约的指导下，推进文明社区、和谐寝室等活动开展，并围绕社区公益、社区生活等开展绿色生活、垃圾分类、公共卫生等内容的活动，逐步确立以人为本、社区支持、社区自治的工作原则和建设理念。

### （三）搭建社区网络平台

高校社区目前建设初具规模，具备相关制度。现在校内外两大学生生活区，均由学生工作部直接管理。在具体高校，大学生自我管理委员会和大学生自我管理服务中心依托学生工作微信公众平台，综合设计社区自律、自助育人、管理服务、博雅书苑板块，配备专职网络平台指导教师，负责学生网络平台的运营和管理。社工嵌入模式强调系统性的改变，提供社会支持，也要注重虚拟社区的建设和网络支持，通过建设综合网络社区，利用网络进行系统干预，能够改变社区的环境，同时将社会工作服务介入管理服务之中，依托学生的社交软件，做好学生需求评估，开展线下服务，做好线上需求和线下服务。

双工社区网络信息模型图将辅导员、社会工作者以及社区管理人员大学生群体，通过搭建 QQ 群、公共微博、微信等新媒体平台，构建社区线上服务和沟通平台。各个学院自律委员会建立寝室长联络群，与学院、学校形成纵向管理，共同承担着学生社区的管理和建设，推进各学院信息化建设，由此形成了学生辅导员为主，楼管、大学生自我管理委员会、学生会、志愿协会为辅的社区共治的管理体系。这样改变了以往社区的片区化管理，从"分散"走向"网格化"集群式管理。

### （四）构建社区支持体系

对于社区模式的建构，更注重社区—朋辈支持，这是社区学生发挥自我教育和自我成长的重要体系建设，也是社工嵌入式建设的重要内容之一。社区支持体系建设，是以人文本，和谐互助、多元参与为主，涵盖个性化、家庭化社区服务、社区—朋辈互助体系、新生破冰活动、新生成长活动社区公益活动；以及社区学生自治组织、社工专业服务为学生在社区内提供正式支持和非正式支持。在社区管理模式中，社区支持是能够对学生的发展提供支持的，社区支持理论强调正式支持和非正式支持，能给学生在面对不同问题时咨询和求助的不同路径，能够为学生提供多种帮助，有效地解决相关问题，缓解学生心理压力，缓和学校和学生之间的关系，为构建文明、和谐的学生社区提供助力。

社区—朋辈互助体系是建立在学生与学生之间、学生与学生机构之间的互助模式，当学生需要获得就业指导、教务和学业等服务时，可以根据具体内容，求助各个服务队伍，服务队伍之间也可进行转介绍，并据问题类型和问题的难易程度，选择合适的方式来解决问题。

### （五）提供社区专业服务

社工嵌入式模式认为，专业的社会工作项目能够促进学生社区管理达到良好的工作目标，有效促进学生改变，提高学生整合能力。并且在整个项目的设计中，均是围绕大学生这一主体进行设计，能够充分考虑到学生的需求。项目化运营的优点在于能够让学生关注他人的优势，学会调整自己，以形成学生和自己生存的环境良好互动，并且发现自己的不足，不断地完善自我，促进学生更好地成长。同时，青年大学生在校园期间，能够因为热爱或者喜好组建团队，项目就是以其关注的话题或者具有的困惑等评估需求后，在社区开展的项目，能够推进社会工作嵌入大学生工作中，并且发挥人员嵌入和嵌入机制的有效运行，也能够在项目运行中，更好地发现学生的需求、调整方案、推进学生社区管理研究、提高社会工作在大学生群体中的影响力，将助人自助的专业精神进行有效的传播和弘扬。

# 第四节　基于柔性管理理念的高校学生工作管理创新

近年来，我国全面深化教育教学改革后，学生的管理模式也历经了改革创新。而我国一直坚持着刚性管理模式，即以规章制度作为重点，围绕传统的管理经验，利用说教和管教两种方式对学生进行管理。但是随着社会的发展和时代的进步，高校学生管理模式受到制度和纪律以及经济因素的刺激，高校往往通过一些规章制度、奖助学金等手段来约束管理学生。高校管理人员则将学生管理工作单纯地当成一项工作，没有把学生当成服务主体，而是将学生当作教育管理的对象，往往只强调学校和规章制度的权力，从来不重视学生的自主权益和个人意见等。

近几年我国逐步步入高等教育大众化阶段，我国公民受教育程度普遍提升，且大都经历过高等教育阶段。正因如此，高等教育的教学模式和教育环境也不断地发生着变化，而高校管理的学分制、招生制度、自主择业制度等一系列措施都对学生管理工作提出了新的要求，高校学生管理工作不仅面临着新的机遇，也面临着严峻挑战。在新时代背景下，传统的刚性管理模式在高校学生管理工作中慢慢体现出不足之处，因为我国高等院校教育管理工作，大都具有一定特点和要求，而传统管理模式在根本上违背了创新教育教学管理的基本需要，无法满足高校学生管理的实际需求。所以，我国高校要尽快转变学生管理模式，努力构建民主完善的高校学生管理模式，这不仅是高等教学改革的实际需求，更是我国教育未来发展的一大趋势。当前，各高校要倡导以人为本的管理理念，将柔性管理纳入高校学生管理工作中，从而努力营造一种刚柔并济的学生管理模式，从根本上提升我国高校学生管理工作效率效果，强化学生管理工作的稳定进行，使其能够跟上时代发展的洪流。

## 一、柔性管理的内涵特征

柔性管理起初是西方经济管理学中提出的一种概念性管理模式，并且是基于刚性管理模式来相对提出的。刚性管理模式的特点在于，它是以规章制度作为重点，利用规章制度和纪律规范、奖惩模式来进行管理的模式，这种管理模式作为传统管理模式中的经典案例，在当前时代环境中，却不适用于我国高校学生管理工作。与之相反的柔性管理模式则是以人为中心，基于企业或者学校的实际情况，从价值点和文化精神氛围出发，并在这几种因素共同深入的基础上，采用非刚性要求的管理模式，从而在工作者和学生的心中形成一种潜在意识，并将这种意识逐渐转化为说服力，最终变为个人实际的自觉行为。

而这种柔性管理的最大特点在于，它不是靠外力作为主要途径来进行管理工作的，而是靠人性解放和权利民主的管理模式，深入每个人的内心，从而激发个人的内在潜力和主动、乐观向上的积极心态，最终真正使他们保持心情畅快的同时，来不断进行自身的创新发展，最终成为个人发展和社会竞争中的力量源泉。这种柔性管理模式，不仅具有其内部潜在的驱动性，甚至在影响个人能力和激励发展等方面都具有一定促进作用。这也充分证明，柔性管理模式的内在特点为，依靠个人的意志和能力，最终达到自身约束能力的提升，从而具备自觉管理行为。[①]

## 二、柔性管理在高校学生管理中的应用

### （一）柔性管理更符合现代教育教学理念

柔性管理的内在核心是贯彻落实以人为本的管理理念，这不仅表现在个人的心理和行为规律基础上，更是采用非刚性管理原则，在人们心目中形成一种潜意识的说服力，这种说服力则能够将上级所要求的管理作为个人的自觉行为。并且现代教育管理理念，同样贯彻落实以人为本的教育理念，在教育管理理念相互融合的作用下，相信学生的自主学习能力会大大增加，并且能够激发学生潜在的学习积极性和学习效果，最后，这种管理模式的相互契合，是柔性管理在高校学生管理模式中能够应用并实行的具体依据。

---

① 许秀丽.柔性管理在高校学生管理工作中的运用探究 [J].山西青年，2019，（10）：223+250.

### （二）柔性管理能够应对现代高校教育环境

随着我国高等教育教学模式改革和高等教育的普及，我国高校教育模式和教育环境日益复杂，例如由于学生的个人素质较差、学生比例失调以及多校区办学现象的发生，使得高校学生教育环境复杂交错，相应的高校学生管理模式也具有一定的变化因素和突发因素。面对这种情况的发生，我国传统的刚性管理模式已经不能够适应现代高校学生的管理，所以需要以能够及时做出决定的柔性管理模式进行高校学生管理。

### （三）柔性管理更能够适应学生思想潮流

我国现如今的高校学生群体，大都是具有较高知识文化水平和道德素养的特殊群体，同时也是高校管理的主体对象，因为这些学生是朝气蓬勃的，充满着信心和决心，未来将投入社会发展和国家进步的潮流中。通俗地讲，现代高校学生的弹性特点，主要是由于我国国民物质生活水平的普遍提高，从而为学生营造出了一个良好的生活学习环境，学生的文化素质和道德素养随即得到了提升，而民主意识的增强也促进了竞争意识的形成，导致学生内心的想法不断增加，对待公平和完美的态度也逐渐强烈了起来。这些特点都是现代高校学生所具有的共同特征。

针对学生来说，其物质生活条件和学习环境已经形成和满足，自身的心理将会凸显出更高层次的问题，例如理解和尊重这两个心理因素，因为学生不能够被消极和被动的管理模式约束，民主意识的提升，也使得学生不愿被束缚在各种规章制度的压制之下，他们对待任何事件和条件都会有一定疑问，因为他们有资本也有理由进行质疑，有能力分析判断这种做法是否正确。这种连环反应也要求高校学生管理者们运用相互依存的管理模式创新发展，因为如果只采用一种管理模式，不仅不能适应日益变化的高校学生教育教学模式，在高校充满朝气和活力的学习环境中，管理模式的僵化也给学生增加了一定的逆反心理，会导致学生拒绝学校管理。而新时代的柔性管理模式，则在尊重学生人格、理解学生内心的基础上，更能够得到学生的理解支持，从而使学生提升信服力，形成自觉管理约束的能力。

## 三、柔性管理的实施方法

### （一）突出学生的主体地位

柔性管理的核心内容是以人为本，要突出学生的主体地位，服务于学生，让学生感受到管理模式所带来的积极作用。学生则会以自身为中心进行自我意识完善，从而达到高校学生管理模式的最佳途径。而学生管理者也必须在管理工作中学会尊重和理解、信任学生，从而有效激活学生的主体意识和内在潜力，促进学生学习能力的提升，才能有效进行高校管理活动。另外，柔性管理说到底是对学生的管理，学生的主体地位应该得到重视，柔性管理更是人文管理，只有对学生的管理加强，才能够实现学生主体地位的提升。

### （二）管理模式互补

单独的柔性管理模式并不能满足现代高校学生管理工作的实际需求，这需要刚性管理和柔性管理的共同作用，促进人文关怀管理和规章制度管理的相辅相成，从而实现有效互补。例如，在进行柔性管理之前，不能够排斥其他管理行为，要在掌握具体的组织行为的前提下，针对事物本质来促进事物发展。但是在刚性管理中，必须在其中增加柔性的人文管理手段，并结合高校的实际情况，将学校的办学理念、教育教学模式、管理理念、历史文化等各项条件因素融入管理制度的制定中，从而使管理制度更具人文关怀。这种管理制度同时兼具人文关怀和灵活的监督作用，因为仅仅凭借着单一的管理制度约束，不仅不利于高校学生个性发展和情感共鸣，师生间的和谐相处也会受到一定影响。

### （三）注重情感交流

情感作为一种心理现象，兼具着人们内在心理的好恶情绪反应。因为情感往往是影响人们思考、决定的主要因素，并且现代高校学生基本尚未具备理性的判断能力，无法分析判断事件的潜在内涵，所以在高校学生管理工作中必须融入情感交流，利用情感传递和良好的情绪特点影响感化学生，才能够使得管理和教育教学具有说服力，真正实现柔性管理。

# 结束语

与世界高等教育的发展相比，我国高校学生工作起步较晚，但是发展迅猛，具有鲜明的中国特色。全球化对我国高校学生工作的影响非常明显，这既是机遇，更是挑战。

## 一、经济全球化对我国高校学生工作的影响

在经济全球化的背景下，更多跨国公司入驻我国境内，这些公司不仅需要相关专业优秀的人才还需要从业者具有良好的沟通能力，因此学生在高校内学习的课程就会根据具体需要进行扩充。同时知名的国际性公司成为许多大学生毕业后求职的目标，其待遇吸引了大部分求职者，这样这些知名公司就能从众多应聘者中选拔出优秀有能力者加入，极大地提升公司的综合实力。

### （一）经济全球化对我国高等学校人才培养目标提出了更高的要求

新时代人才培养目标定位不断提高，传统单向灌输式教育模式已不符合我国的发展要求和国际形势。仅仅依靠书本知识和课堂学习的教学形式会使学生不具备前瞻观、大局观和发展性意识，无法迎接和应对新时代的新挑战，长此以往将导致我国人才缺失、人才储备不足，不利于我国人才战略发展。因而，学生需要与社会接轨、与时代接轨。注重理论与实践的结合将更加凸显教育改革的力度，培养创新型人才。

### （二）经济全球化对我国高校的教学内容和方法必然产生影响

全球化是最先在西方国家中产生影响，所以当其他国家进入全球化大潮中时，西方发达国家已经成为全球化标准的制定者。这些要求对经济发展尚不完善的国家来说压力较大，但是我们也不能拒绝与其接触，隔离于世界形势之外，所以我们要通过新时代的高层次的专业教育来培养出熟练应用这些规则的大学生，帮助我国更好地融入全球化的模式。

### （三）经济全球化将使我国高校学生工作投入的渠道多样化

跨国公司为扩大影响、追求利润最大化，会直接要求在我国投资办学或合作办学，开设研究所，从而使得科研经费来源趋于国际化。发达国家对于高校教育的发展有着许多经验，已经开始通过满足就业市场需要来设计高校教育专业，这种教育模式值得我们借鉴，

这将促进我国一些高校加快与国际接轨，但也对我国政府提出了一个如何从宏观调控上促进高校学生工作发展的新课题。

## 二、政治全球化对我国高校学生工作的影响

政治全球化是指政治在全球各国和地区互动、交流、渗透的过程。受政治全球化的影响，国家内部所发生的政治事件会在全球内引起各国广泛关注，一国涉及的问题可能会引起其他国家的共性，进而会形成一些国际化的准则和标准。

我们应该从传统民主制度和观念中解放出来，将其中的优秀成分予以继承、吸收、发展和创新，形成符合时代发展要求的科学民主观。这种科学民主观是传统文明与当代文化相互作用孕育出来的果实，带有浓厚的民族特点和历史沉淀。同时，它也能积极引导学生树立科学民主意识和主人翁意识，形成社会责任感。科学民主观为我国新经济体制下的新政治观提供了思想保障，为高校学生工作改革提供了新契机。

科学民主观进入教育领域对高校的教育管理提出了新要求，高校教育不能仅依据政府安排制定学校的教育课程，更要听取社会各方面对学校管理的意见，促进高校教育走向高质量发展。

全球化发展既有机遇也有挑战，对此要全面分析、正确判断。我国在传统文化的熏陶下，在经济、政治和外交上均以"大道之行，天下为公"体现大国担当。但西方国家的价值体系与我国的主流价值观念和道德素养标准存在冲突，因而在现实教育教学中要积极引导学生树立正确价值观，始终以社会主义核心价值观作为主流价值引导，让学生爱家、爱校、爱祖国，实现全面发展。

## 三、文化全球化对我国高校学生工作的影响

在世界文化相互碰撞的当下，存在多种形式的文化互动，这种文化交流互动影响着各个国家、地区本身文化的发展。文化全球化的进程是不对等的，每个国家文化底蕴不同，追求的文化高度不一，在这一基础上进行的文化互动也是不平等的，但各种性质不一的文化充斥于全球环境之中，仍影响着文化互动过程，在互动过程中的世界性文化和民族性文化并存的规律也在发挥着作用。

高校是立德树人、人才培养的重要基地。以往高校国际化视野不够开阔，过于强调学生书本知识的灌输、外国文化课程开设不足、学生国外交流机会少、学生出国留学率较低、宣传效果不佳等，都导致学生的国际交流能力和国际化视野不足。随着全球化发展，国外文化涌入中国，高校人才培养目标和学生发展路径有了更广阔的平台和空间。学生们的眼界不断开阔，有更多的机会选择出国留学深造，进一步提高了我国高校学生工作质量和人才培养质量。但面对国外众多思潮，高校需要注重思想和价值引领，提高学生的价值辨别力，坚定文化自信。

　　文化全球化是不同性质文化的交流互动，每个国家的文化历史积淀不同，代表文化也不同，在高校的文化交流则是各个地区、国家的文化思想通过课本展示、教师讲授的方式，增加学生对外域文化的了解；与此同时，了解他国文化的外籍教员和想学习中国文化的外国留学生人数大幅度增加；在校园生活和课堂环境的接触中，我国学生与外籍学生会交流并且合作完成学习活动；原本仅在校园内学习、生活的大学生接触的事物丰富起来了，对生活、世界的思考也更加广阔；这对于价值观逐渐成熟的大学生来说既是机遇，也是挑战。从上面我们可以看出，我国旧有的集中单一教育模式已经不能顺应文化全球化发展的大潮，具有一定局限性，所以如何在校园文化中让学生了解多元文化、拓展文化知识面是目前高校学生工作者亟须解决的问题。

　　随着世界格局加速演变，外交逐渐深化，全球化为发达国家的价值输出和文化输出提供了便利。发展中国家的民众一旦在潜移默化中接受、认同了发达国家的价值观念便会使国家主流和传统价值受到威胁，影响国家稳定、民族团结。例如著名的华纳兄弟公司，其实质上是一种新闻出口，输出的不仅是作品，更是价值倾向。高校要严守思想政治教育的主阵地，提高大学生的价值观念和文化素养，不断弘扬中华民族优秀传统文化，建设中国特色社会主义文化强国。在物欲横流和思潮汹涌的今天，取其精华、去其糟粕，讲好中国故事、传播好中国声音，为提高我国综合实力和国际影响力提供有效手段。

　　经济全球化加速了文化的融合发展，也对高校学生工作提出了更高要求。需要高校学生工作不断传承和发扬中华优秀传统文化，打破原始封闭观念，发展更具生命力的中国特色社会主义文化，是提高我国文化软实力、提升国际地位的重要途径。

　　我国的文化全球化进程应该兼顾中国特色社会主义制度和社会主义市场经济体制，汲取优秀西方文化，将中西文化衔接，不能满盘皆收，在充分体现我国民族精神的前提下，将优秀西方文化融入我国传统文化，组成现代的、民族的、开放的中华文化。面对开放式的文化格局，只有我国文化与他国文化能够融合交流，我们才能更好地顺应文化全球化浪潮[①]。

## 四、科技全球化对我国高校学生工作的影响

　　我国国际地位虽然有所提升，但在国际话语权方面仍处于相对弱势。要通过提高社会生产力，加强科学技术水平，积极应对和解决国际社会中存在的问题，才能不断提高我国国际竞争力和文化软实力。高校亟须提升教育质量，顺应时代发展潮流，实现传统单向灌输教学模式向双向互动教学模式的转变，进一步提升学生能力，实现人才高质量培育目标。

　　科技全球化对我国国情、教育、文化、法律、人的组织行为习惯和价值观等都产生深远影响。为了确保我国科技实力不被国外技术所制衡，应发挥好我国科技创新的支撑引领

---

① 谭顶良.高等教育心理学[M].南京：南京师范大学出版社，2018：78.

作用，降低科技全球化负面影响。

传统教育模式以校园为根据地，以课程学习与复习为主要内容，无法满足学生生活化的学习要求，也无法从根本上解决教育的普及化问题，不利于教育的高质量发展。同时，过去因地域和空间限制，偏远地区无法实现教学资源共享，出现教育不公平等现象。而科学技术发展打破了时间、空间的壁垒，使教育资源得以共享，日常学习成为可能，促进了教育的改革与发展。

"互联网+"教育模式对教育资源均等化和师生关系平等化产生了巨大的新影响，促使新的教育格局的形成，如何实现教育均衡发展成为现代教育亟须解决的问题。

传统教育注重教育计划和教学进度的推进，对教育效益数据建模的重视程度不够。这会导致教育软实力缺失，无法形成良性生态环境，不利于国内外的文化交流，影响我国文化强国建设和国际地位提升。因此，为了促进经济发展，就必须充分利用教育资源，设立新的教育目标和人才培养方案，提升国际影响力和文化软实力，加强我国国际教育服务体系和国际文化体系，为提升我国国际竞争力提供长久的人才储备和新鲜力量。

# 参考文献

[1]国家教委学生司.大学生管理基础知识[M].北京:北京师范学院出版社,1991.

[2]国家教育委员会高校学生司.大学生管理规定[M].北京:北京师范学院出版社,1990.

[3]沈大光,郝爱华,王德军.选择与修养大学生热点透视[M].济南:山东教育出版社,1994.

[4]漆小萍.学生工作的设计与评估[M].广州:中山大学出版社,2003.

[5]胡建华.大学生管理信息系统[M].北京:中国财政经济出版社,2001.

[6]张微.高校学生工作的社会工作参与:一个基于多所高校的经验研究[M].北京:中央编译出版社,2019.

[7]钱贵江.当代大学生管理新论[M].苏州:苏州大学出版社,2006.

[8]沈阳市大专院校学生管理教育研究会.大学生管理教育研究[M].沈阳:辽宁大学出版社,1991.

[9]赵明吉,刘志岫.大学生管理工作研究[M].济南:山东大学出版社,2007.

[10]邹礼均.大学生安全教育与管理[M].重庆:重庆大学出版社,2018.

[11]耿辉建.新时期背景下高校学生工作探索[M].石家庄:河北人民出版社,2015.

[12]沈佳,许晓静.基于多视角下的高校学生管理工作探究[M].北京:现代出版社,2022.

[13]史建芳,张琳君.互联网+时代高校学生管理模式的变革与创新[M].北京:中国华侨出版社,2022.

[14]宋丽萍.新媒体环境下高校学生教育管理工作创新研究[M].长春:吉林大学出版社,2020.

[15]杨大鹏,马亚格,罗茗.高校学生工作管理创新研究[M].北京:北京理工大学出版社,2019.

[16]姚丹,孙洪波.高校教育信息化管理与学生管理工作[M].北京:中国纺织出版社,2021.

[17]尹忠恺,王永萍,孙平等.高校学生工作导论[M].沈阳:东北大学出版社,2013.

[18]李德全.高校学生工作科学发展理念研究[M].成都:西南交通大学出版社,2014.

[19]应中正,于春华.多学科视野下的高校学生工作[M].天津:天津人民出版社,2015.

[20]谭顶良.高等教育心理学[M].南京:南京师范大学出版社,2018.

[21]陈磊.大学生成才修养[M].武汉:武汉工业大学出版社,1994.

[22]陈文宝,王富君.大学生心理与辅导[M].北京:中国商业出版社,1994.

[23]顾翔.大学生管理[M].上海:华东师范大学出版社,1988.

[24]曲木铁西,夏仕武.少数民族高等教育导论[M].北京:民族出版社,2013.

[25]万志全,杨秀英,吕倜然.大学生心理健康[M].沈阳:东北财经大学出版社,2016.

[26]徐添庆,陆永超,李玉荣等.高等学校学生工作评价[J].学校党建与思想教育（下半月）,2008（S1）:71-72.

[27]侯勇.社会工作嵌入高校学生社区管理模式研究——以S高校为例[D].沈阳:沈阳化工大学,2021.

[28]许秀丽.柔性管理在高校学生管理工作中的运用探究[J].山西青年,2019（10）:223+250.

[29]陈晓娟.高校辅导员学生管理工作能力的培养[J].产业与科技论坛,2014,13（15）:243-244.

[30]赵荣,赵静.做好高校学生工作的方法浅析[J].时代教育（教育教学版）,2010（01）:99+104+3.

[31]高建邦,钱宇航,黄景鹏.自媒体时代下高校学生工作方法研究[J].东西南北,2019（10）:195.